哲学大爆炸

Shui Shuo Ni
Yi Bei Zi Zhi Neng Zhe Yang Le

谁说你一辈子只能这样了

每天读点尼采

叶舟 ◎ 著

江西人民出版社
Jiangxi People's Publishing House
全国百佳出版社

图书在版编目（CIP）数据

谁说你一辈子只能这样了：每天读点尼采 / 叶舟著.
-- 南昌：江西人民出版社，2016.8
ISBN 978-7-210-08485-3

Ⅰ.①谁… Ⅱ.①叶… Ⅲ.①尼采，F.W.（1844～1900）—人生哲学—通俗读物 Ⅳ.①B516.47-49

中国版本图书馆CIP数据核字(2016)第099043号

谁说你一辈子只能这样了：每天读点尼采

叶舟 / 著

责任编辑 / 吴艺文

出版发行 / 江西人民出版社

印刷 / 天津安泰印刷有限公司

版次 / 2016年8月第1版

2017年9月第2次印刷

880毫米×1280毫米　1/32　7印张

字数 / 140千字

ISBN 978-7-210-08485-3

定价 / 32.80元

赣版权登字-01-2016-309

版权所有　侵权必究

如有质量问题，请寄回印厂调换。联系电话：010-64926437

前言

谁说你一辈子只能这样了

一百多年前,在德国有这样一个人:他特立独行,近似癫狂,但他却是一位伟大的哲学家;他是诗人、散文家、哲学家、语言学家,但他又极大地超越了这些名头的界限……他就是弗里德里希·威廉·尼采。尼采是19世纪德国著名的哲学家,生于普鲁士萨克森的一个传教士家庭,青年时进波恩大学学习神学,不久改学古典语言学。后任瑞士巴塞尔大学古典语言学编外教授,因患精神分裂症辞去教职。尼采提出"权力意志"说,鼓吹"超人"哲学,因而被视为现代非理性主义思潮的先驱。著有《悲剧的诞生》《人性的，太人性的》《曙光》《查拉图斯特拉如是说——为一切人而不是为一人的书》《善恶的彼岸》《反基督教》和《权力意志》等。

人们对尼采的评论历来褒贬不一，众说纷纭。有人把他视为邪恶的魔鬼，指责他在用思想的毒剂腐蚀人类；也有人把他看成是圣洁的天使，称赞他持身严谨，有如圣徒。

但是，更多的人从尼采身上看到的还是最光辉闪耀的一面。因为只要拿起尼采的著作，就会发现，在尼采的那些鸿篇巨著中，他总能以非凡的勇气和惊人的洞察力轻而易举地颠倒各种公认的观念，他奚落了一切美德，赞扬了所有的邪恶。他献给人类的不只是一种哲学，也不仅仅是一首诗或一段警句，而是睿智的思想和人类宝贵的精神食粮。尼采的思想影响了一个多世纪以来的世界以及现代人精神生活的方方面面。

本书总结出人一生必须要面对和处理的诸多关键问题，从尼采著作中最具有代表性的名言警句说起，解析这位天才的思想和"疯子般的狂语"，并结合当下的实际进行分析，使读者能够在轻松的阅读中获取智慧，从而让读者走出人生困局，争取成功与辉煌。

目录

Part1　尼采谈心性
——锤炼强大的内心

学会运用直觉的力量对待世界 …………002
赶走心理上孤独忧虑的情怀 ……………005
抓住命运，不要畏惧这个世界 …………008
让强大的精神力量给你注入动力 ………012
积极心态是人生的隐形护身符 …………015
意识是我们最好的成功伴侣 ……………017
不让环境对自己产生负面影响 …………021
改变心境就能改变你的生活 ……………024
心灵没有了从容，人生便会迷失 ………027
心有多大，世界就会有多大 ……………030

Part2　尼采谈思维
——勘破世俗的谬见

放开思维的束缚，人生从想象开始 ············ 034

创新是一个人的资本和能量 ················ 037

在守旧中灭亡，在求新中永生 ··············· 040

灵活处理问题，变末路为出路 ··············· 043

不迷信经验，懂得打破思维定式 ·············· 046

推开一扇门，就会获得成功的世界 ············· 049

人的可贵之处在于有独创性 ················ 052

用灵活的心智去开创未来 ················· 056

不蜕皮的蛇只有死路一条 ················· 059

成功者在大多数人之外 ·················· 063

Part3　尼采谈苦难
——让自己成为太阳

谁说你一辈子只能这样了 ················· 068

每个成功都有个简单的开始 ················ 071

不是逐一克服，就是半途而废 ··············· 073

每个动作都在写就自己的历史 ··············· 076

有希望和期盼，就会发生奇迹 …………… 079
永不畏惧，永不放弃 …………………… 082
应对人生的困境与挑战 ………………… 085
努力做一个执著的人 …………………… 089
博弈的人才能获得成功 ………………… 092

Part4　尼采谈真情
　　——找到幸福的秘方

有真爱，就是对他宽容 ………………… 096
不做爱情中的自恋者 …………………… 100
犹豫是否结婚时的判断性问题 ………… 104
获得爱，就得学会理解对方 …………… 107
爱的真谛是为两者之间的差异喜悦 …… 111
没有爱就没有生命 ……………………… 114
心中有爱，生活就充满快乐 …………… 118
爱对方就要学会分担 …………………… 122
爱，要给所爱的人带来喜悦 …………… 125

Part5　尼采谈社交
——遵守交际的规则

与人交往，迟钝就是美德 …………………… 130

上帝也喜欢真诚赞美他的人 ………………… 133

为什么不用微笑面对他人呢 ………………… 135

和谐的交往要靠距离来维持 ………………… 139

有礼有魅力 …………………………………… 143

良好的礼仪带来谦虚的风度 ………………… 146

不要直接地批评他人 ………………………… 149

要学会欣赏他人 ……………………………… 153

学会保全对方的面子 ………………………… 156

Part6　尼采谈品格
——让人性绽放光芒

生命必须不断超越自身 ……………………… 160

美德是心灵的健康剂 ………………………… 162

在精神层面上变得富足 ……………………… 165

品格是人生的王冠和荣耀 …………………… 168

不断地奏响生命的凯歌 ……………………… 170

目录

学会坚守正直的原则 …………………… 173

身心健康是最大的资本 …………………… 176

Part7　尼采谈做事
——让行为为你发声

人生不在能知乃在能行 …………………… 182

好的言行习惯是成功的钥匙 …………………… 186

人的一生，让责任心来成就 …………………… 188

如果你犯了错，请承担 …………………… 192

学会控制自己，及时叫停自己 …………………… 196

不要拖延，成功需要立即行动 …………………… 199

只有行动，才能走向成功 …………………… 203

患得患失只能竹篮打水一场空 …………………… 207

找到通往理想的人生路 …………………… 210

Part1 尼采谈心性
——锤炼强大的内心

尼采一生历经磨难。幼年时的尼采，接二连三地遭受了亲人离去的打击，这让他过早地领略了人生的阴暗面，铸成了他忧郁的性格。但在挫折和逆境面前，他从来都是一个内心强大的人。一位伟人说："要么你去驾驭生命，要么是生命驾驭你。你的心态决定谁是坐骑，谁是骑师。"尼采正是因为有着强大的内心，才使他成长为一代巨人。要知道内心的强大，才是人生最强大的力量。

学会运用直觉的力量对待世界

聪明的人只要能掌握自己,便什么也不会失去。

——尼采

为什么尼采的哲学具有巨大的价值?一方面,尼采继承了启蒙运动的精髓,反映了现代意识的觉醒。对人生价值的积极肯定,引发了人们对人生意义、人生价值的思考,重新定位人生;对工具理性和工业文明的否定性批判,开启了现代非理性主义思潮。另一方面,对理性的批判、对传统的否定也存在着片面性,这正是后现代主义欣赏的一面。他的伦理思想反映了正在形成的垄断资产阶级的利益,所以,一百多年来,尼采被人们推崇备至。

尼采对人的心理活动做过这样的论述,他说,理性的力量其实并没有人们想象得那么强大。对于心理活动来说,理性所感知到的仅仅是很微小的一部分,人类心灵活动的规律自有其他因素的把控。

尼采的这个观点是通过哲学家的思辨、冥想所得到的,但是它却和当今的心理学研究成果不谋而合。

直觉与潜意识(或者无意识)有着密切的关系。事实上也确实如此。心理学家所进行的实验也一再验证了二者之间的密切关联。通过心理学家实验的成果，我们可以认识到，我们日常生活中的种种行为，其实大部分并不是由我们的理性或深思熟虑的抉择建造起来的。事实上，日常生活中到处充满了随机的行为。这些行为与其说是由人的意识决定的，不如说是由人的无意识造成的。通过对环境表象的认知，人们很轻易地就会做出选择，开展行动。这种行为并不需要意识的介入，更多的是一种条件反射式的反应。比如，当我们要穿越马路时，如果红灯亮起，我们就会马上停住脚步；如果看到一个长相凶恶的人，我们会马上将其与"坏人"联系起来。

事实上，很多人都把这种条件反射式的反应称之为"直觉"。对于这些认为直觉能够解决众多问题的人来说，直觉是一种处理问题时的简化方式，因为直觉并不需要经过人们的理性分析与推理。直觉是一种一触即发的心理感知，可以让人们迅速获得处理问题的方法。因此，这些信奉直觉的人认为，直觉可以帮助我们处理繁琐的日常事务，可以帮助我们迅速建立起对一个人的印象（即第一印象），也可以造就出我们对一件事情的预感。

有人说在爱因斯坦的办公室有这样一条标语：不是每一件重要的事情都算得清楚，也不是每一件算得清楚的事情都是重要的。但是从科学到日常生活，我知道我的直觉，这种不费力气、即时的、没有原因的感知，有时是错的。爱因斯坦的一位同事说，首要原则是你不能欺骗自己，而你自己恰恰是最容易被欺骗的人。对于挖掘尚未被使用的直觉感知能力也有争议。在招聘、解雇和投资方面，我们应该将预感植入到感性的右脑中吗？或者，聪明人常常相信论证，那是不是我们相应地就需要更多左脑的理性？

想象一下直觉的重要性：决定别人命运的法官或陪审员、影响金融市场的投资者或者是决定病人生死的医生。直觉决定了我们的欲望、感想和人际关系，这些都能影响一国领袖的判断、赌徒的赌局和人事主管的一次任命。我们的直觉为我们带来了方方面面的益处，但同时也带来了一些不幸。威尔士王妃戴安娜生前最后一次采访中曾说："没有人能命令我做什么。我靠直觉做事，直觉是我最好的顾问。"

是的，面对纷繁复杂的事务，人们通过理性的分析与判断来将其一一解决将会是十分困难的，而且也将会是效率低下的。时间紧、任务重，这时我们就需要找到一种能在短时间内解决众多信息的方式，而直觉无疑为我们提供了这种可能性。直觉可以根据对外部事物的知觉，迅速地在我们的头脑中形成一定的印象，进而根据此印象做出决定。从这个意义上讲，直觉是快捷而有效地处理问题的思维方式。面对着大量的信息，人的大脑很容易就会处于一种超载状态，此时，通过直觉来处理将会大大减轻我们大脑的负荷状况。可以说，正是由于直觉的存在，才使我们的生存环境大大改善，进而提升了我们适应环境的能力。正如一位心理学家所说，直觉的存在保证了人们得以顺利地生存在这个地球上。

对于人类来说，直觉是我们保证生存效率的一个有效工具。但是，我们要注意的是，经过直觉做出的判断并不能保证其正确性。也就是说，直觉只是为了尽快地处理掉那些繁杂的信息，并不保证做出的选择是正确的。它只是为了使人们能够从繁重的事务中解脱出来，这就是它最根本的要义。可是，从另一个方面来讲，一旦做出判断，这种判断就不易改变，受外部环境的影响很小。

正如尼采所说："人们可以很好地过完一生，但却很难对未来作出预测，避免可能的错误。"是的，通过直觉我们可以快速有效地处理大量的信息，以避免信息过载所导致的脑负荷加重，从而确保我们能够安全地生存下去；但是，直觉的正确性是不可靠的。虽然我们对于直觉做出的判断深信不疑，但是我们应该意识到这种判断并不一定准确。

赶走心理上孤独忧虑的情怀

更高级的哲人独处着，这并不是因为他想孤独，而是因为在他的周围找不到他的同类。你今天是一个孤独的怪人，你离群索居，总有一天你会成为一个民族！

——尼采

尼采曾经讲到，在人类还只是狩猎员时，我们通过相互密切的合作来获取维持生命的猎物。这种合作关系使我们形成了一个简单的部落。这个部落的规模并不大，维持在几十人到一百多人之间。因此，部落里面的每个人都是相互认识，相互熟悉的。然而随着文明的不断发展，人们创造了城市这个超级部落，城市里的人口数量大大增长，可是生活在这个超级部落里的人却感觉到更加孤独了。城市的公寓取代了部落时期没有门窗的简陋住所，工作成为了现代社会的"狩猎"活动。人们每天孤独地穿梭在人海中，下班后又将自己锁在一个与人隔绝的狭小空间中。

当今社会，人们正在经历一场前所未有的孤独。然而，人们是不甘寂寞的，人们希望回到那个人人彼此熟悉，鸡犬之声可以相闻的小国寡民的世界中，于是，俱乐部及其他各种各样的团体组织便成为了原始部落的替代品。在这些规模如同原始部落的组织中，人们寻找着彼此的慰藉，之后再回到隔绝了左右邻里的钢筋混凝土的家中，继续品尝寂寞的毒酒。

加利福尼亚州奥克兰米尔斯学院的怀特院长，也有过同样的感慨。他说：

"20世纪的主要疾病是孤独。正如大卫·雷斯曼所说，'我们都是孤独的人。'人口的暴涨并没有为人类带来亲密无间的关系，相反，人们之间同患难、共甘苦的真情正在逐步地消逝……我们生活在一个无法凸显自我，无法感知自我的世界。我们为之奋斗的事业、政府不断膨胀的规模、人类过度频繁的迁移等，这一切导致了人们无法维持一段长久、稳固的友谊，而这仅仅是令数百万人内心倍感悲凉的开端而已。"

尼采也说："如果我们是孤独的，那么我们必然也是忧虑的。忧虑就是人们在面对不利环境时所产生的一种压抑的情绪。它是一种沉重的精神负担，使人精神沮丧，身心疲惫。"

今天，我们面对的是一个超级部落，这个部落是如此复杂，以致我们无法充分地弄清楚它的组织结构，它的运行方式。在这个超级部落面前，我们每个人都处于一种弱势地位。我们渴望友谊，然而我们每天都要面对数不清的陌生面孔；我们渴望悠闲的生活，然而为了生存，我们不得不投入到每天激烈的"狩猎游戏"中。

从古至今，人们都在与孤独做着不断地斗争。为了对抗孤独，人们有了哲学、宗教；为了对抗孤独，人们有了书籍、电影；为了对抗孤独，人们有了俱乐部、协会。人们从哲学、宗教中思考孤独；人们从书籍、电影中体味孤独；人们从俱乐部、协会中摆脱孤独。

有了哲学、宗教，人们不再惧怕孤独，因为只有在孤独冥想中，人们才能更好地了解宇宙，关照自身；有了书籍、电影，人们开始熟悉孤独，因为只有在文字、影像中，人们才能发现孤独的魅力；有了俱乐部、协会，人们开始分享孤独，因为只有在浓浓的人情中，人们才能体会孤独带给彼此的深厚友谊。

为了克服孤独，你可以学习哲学，走进宗教；为了克服孤独，你可以阅读文字，浏览影像；为了克服孤独，你可以分享孤独，结交友情。孤独没了，忧虑自然就没了。然而，孤独没了，哲学、宗教、书籍、电影、俱乐部、协会也将随之消逝。其实，克服孤独，只需要我们正视孤独。届时，你将会感恩孤独带给我们的一切。

抓住命运，不要畏惧这个世界

> 即使你是个猎人，当你害怕这个世界，兔子都会欺负你。
>
> ——尼采

尼采要建立新的哲学，将生命意志置于理性之上的哲学，非理性的哲学。作为对理性提出的挑战，他提出了强力意志说。用强力意志取代上帝的地位，传统形而上学的地位。强力意志说的核心是肯定生命，肯定人生。

生命意志对我们的人生来说是十分重要的，当我们身陷挫折的沼泽之中的时候，心中的信念使我们坚持不懈，助我们克服一个个障碍；当我们在前进的路途气馁的时候，信念给了我们勇气；当我们人生失意的时候，又是信念唤醒了我们的激情，直至最后成功。因此，谁牢牢抓住了信念，谁就相当于抓住了命运的绳索，只要你不松手，命运之神终会垂青你的。

罗曼·罗兰曾说："人生最可怕的敌人就是没有坚强的信念。"坚强的信念不是生来就有的，它总是存在于信念向现实逼近的坚持中。信念的坚持主要是靠你自己，任何人都不可能把信念放到你的心中。

人生苦短，要想发挥自己的影响力，要想成就自己，就必须拥有自己的信念，唯有信念才能使你毫无迟疑地走到底。唯有信念才使你看到希望，才能鼓励着你披荆斩棘，奔向成功。巴甫洛夫曾宣称："如果我坚持什么，就是用炮也不能打倒我。"高尔基指出："只有满怀信念的人，才能在任何地方都把信念沉浸在生活中并实现自己的意志。"尼采说："只要我们坚守自己的信念，信念往往会带给我们所需要的东西，一个人无论他的条件如何优秀，只要松开命运的绳索，都会变得无所适从。"

尼采5岁时便失去了父亲，数月后，年仅2岁的弟弟又不幸夭折。幼年的尼采深切地感受到了生命的无常，因而变得孤僻。尼采后来回忆说："我早年就已见过许多悲痛和苦难……从童年起，我就寻求孤独，喜欢躲在无人打扰的地方。"

尼采之所以如此，就是因为那时失去了信念。在人生的旅途中，信念是必须具备的，一个人只有相信自己，相信自己所坚持的目标。美国前总统里根说："创业者若抱着无比的信念，就可以缔造一个美好的未来。"美国著名的解剖学、心理学教授威廉·詹姆斯说："不可畏惧人生，要相信人生是有价值的，这样才会拥有值得我们活下去的人生。"

以前，美国的黑人长期受到白人的歧视，又加上种族隔离政策的影响，他们的社会地位一直很低，当时很少有黑人能进入政界高层。而罗杰·罗尔斯却是个例外，他成了第一位担任美国纽约州的黑人州长。

罗杰·罗尔斯小时候出生在一个成长环境恶劣的贫民窟里，那是一个偷渡猖獗、充满暴力的地方，四面八方的无家可归者都聚集在这里。他就读的学校条件很差，学生素质低劣，打架斗殴和逃课是学生们的家常便饭。

上世纪60年代，皮尔·保罗担任了这所小学的校长，看到学生们的顽劣表现，他直皱眉头。他想出了很多办法来引导和感化他们，但都没有起到预期的效果。后来他注意到学生们有一个特点：他们都很迷信。他眼前一亮，他决定用这个方法来鼓励学生学习，取得进步。于是他开始给他的学生们看手相占卜未来。

一次，罗杰·罗尔斯当着皮尔·保罗的面从窗台上跳下来，大大咧咧地把脏兮兮的小手伸向皮尔·保罗。皮尔校长说："我一眼就可以看出来，你以后将是纽约州的州长。因为你修长的拇指预示着将来要主政。"

当时，皮尔校长的话让年幼的罗尔斯很吃惊。因为长这么大，只有他奶奶让他振奋过一次，说他可以成为五吨重的小船船长。而这一次学校校长竟说他可以成为纽约州的州长。以前他从来没有这样想过，可从此他的心里牢牢地记下了这句话。从校长说出那句话的时候算起，纽约州长就成了罗尔斯的人生目标。他认为州长应该是具有绅士风度的，于是他的衣服开始变得干净整齐，嘴里的话开始变得文明起来。在此后的几十年中，他时时处处以一个州长的身份要求自己。坚守信念数十年的他，最后终于换来了他想要的回报：在他51岁时，他成了一名州长。

在发表州长就职演说时，罗尔斯说，皮尔校长的一句话成了自己当州长的信念，开始了他为人民谋福利的崇高理想。对于我们来说，有时即便只是一个善意的欺骗，只要你能坚持不懈地执行下来，它终会有实现的那一天。

罗尔斯抓住了牵引命运的绳索，最后成了第一位黑人州长。

对于信念，人人都知道它，它没有什么深刻的哲理，它只是一种明确的人生目标。它的意思是说，人无论做什么，人们首先是要相信自己，相信必能达到所期望的目标。如果你对前进的目标产生无端的怀疑，那就不叫信念。信念是一种坚定的心态，信念是牵引命运的绳索。要想在博弈中取得成功，你就一定要牵住命运的绳索，一旦你松开命运的绳索，你就会变得无所适从。

有人甚至将信念看成是生命。生活中正因为有了信念，才感到苦中也有甜，而破罐子破摔的人，懦弱自卑，无异于行尸走肉。信念让我们有了很强的方向感，人生有目标固然可贵，如果没有信念会让我们无法认识行动的意义，会让我们在对目标的执著的过程中充满困惑。而有了信念会让我们向着目标踏实地向前攀登前进，并让我们有了一种师出有名的激情。

让强大的精神力量给你注入动力

> 受苦的人，没有悲观的权利。一个受苦的人，如果悲观了，就没有了面对现实的勇气，也没有了与苦难抗争的力量，结果是他将受到更大的苦。
>
> ——尼采

世界上有所作为的人们，他们往往都拥有强大的精神力量。或许他们没有强壮的体魄，但他们有着无限的精力和意志力，这就使得他们不仅能够构想宏伟的蓝图，而且能够克服所有的障碍，把宏伟的蓝图变为成功的事实。

1870年，尼采被聘为正教授。不久传来了德法开战的消息，尼采主动要求上前线。在途经法兰克福时，他看到一队军容整齐的骑兵雄赳赳气昂昂地穿城而过。突然间尼采的灵感如潮水般涌出:"我第一次感到,至强至高的'生命意志'决不表现在悲惨的生存斗争中,而是表现于一种'战斗意志',一种'强力意志',一种'超强力意志'!"

尼采用亲身体验向我们阐述了精神的力量。许多人由于缺乏精神的力量,故而在这个世界上不能有所作为。在他们的意识中,似乎从来就没有想到过要独立地去行动。如果有人推他们一下,让他们运动起来,他们或许还能继续向前移动。但他们从来无法自己迈出第一步——他们根本没有原动力。这是致命的,由此他们的能力也无从发挥。他们拥有力量,但是很明显,他们没有能力去运用这种力量。尼采在晚年的人生旅途中就这样被甩在了一边,倒不是因为他缺少能力,而是由于他缺少精神的动力。

尼采曾经这样评价自己:"在我这个真正有力量的人身上,没有什么不确定的东西,也没有什么消极的东西。我会积极进取,豪情满怀。我不需要什么后盾来支持,我就是一个顶天立地的、独立的人。"他还说,"我的力量发挥的时候,虽然我什么都不说,但给世界的印象却比我说的还要深刻、还要强烈,甚至当我沉默不语的时候,也具有非凡的力量。你会感觉到,有一种巨大的力量蕴含在我的言行之中。"

这就是尼采所说精神力量对人的作用,这也在很多人身上得到证明。

一个年轻人得知拿破仑将从一条狭长、杂草丛生的小路经过，于是便悄悄躲藏在那里。他想亲手杀死这位曾经侵略和占领他的祖国的残暴无情的罪魁祸首。

拿破仑低着头，一边走一边思考问题，逐渐靠近年轻人埋伏的地方。年轻人端起他的武器，仔细地瞄准，可就在他要扣下扳机的时候，一丝轻微的声音暴露了他的踪迹。

拿破仑听到声响，抬起头，瞥视了一眼，立即便意识到了自己的处境，但他没有说话，反而直直地盯着这位年轻人，脸上浮现出一丝暗含自信和傲慢的微笑。武器，突然从年轻人紧张的手中掉了下来。身经百战的拿破仑什么话也没有说，从他身边走过，继续低下头陷入了沉思，继续思考着他的军国大事。

在这一刻，拯救拿破仑生命的，正是他的内在力量。与他指挥法国军团、以迅雷不及掩耳的速度征服欧洲大陆的数百次战斗相比，这个小小的事件在他脑海中实在不足以留下什么印象，可是对那个年轻人来说，却是他一生中都不会忘记的时刻。与拿破仑相比，他显得是那么的渺小、卑微和茫然。

伟大的人物，就像萤火虫一样，燃烧了自己，发出冲破黑暗的光亮。如今尼采的哲学思想的火花，绽放出绚丽而又炫目的光彩，它将照亮一代代人们的心灵，它是古今中外的一种智慧，是一朵永不凋谢的奇葩，历久弥新，它是一盏指引心灵的明灯。

积极心态是人生的隐形护身符

即使外界环境对你不利,即使别人断定你不可能成功,你也不要放弃自己。

——尼采

尼采说:"一个人的行为方式,与他的自我评价紧密相连,消极心态者总想到自己最坏的一面,他们不敢企求,所以往往收获更少。"的确,这样的人在今天很常见,这些人遇到新事物,他们的反应往往是:"这是行不通的,这风险冒不得,现在条件还不成熟,这不是我的责任。"当一个消极心态者对自己不抱很大期望时,他就把自己取得成功的能力封了顶,他成了自己最大的敌人。因此,不要轻易否定自己,给自己一个机会,让自己把全部能力发挥出来。

其实,我们每个人都佩带着隐形护身符,护身符的一面是积极心态,一面是消极的心态。心态在很大程度上决定了博弈的成败。如果在事情开始的时候你就抱着自我否定的态度,那么就决定了你的博弈最终不会成功。

尼克在戴维斯的店里学习经商已经3年了,可他依旧什么都做不好。一次戴维斯在一个小餐馆里遇到了尼克的父亲，便诚恳地对他说："约翰，我们是多年的好友，我不愿使你日后懊悔，我说话直爽，喜欢讲老实话。尼克的确是个踏实稳重的好孩子，但即使他在我店里学一百年，也不会成为一个优秀的商人，因为他生来就不是做商人的料。约翰，你还是带他回去，教他挤牛奶吧！"

尼克被父亲带回家后，帮父亲经营农场。一次很偶然的机会，他到了芝加哥，亲眼看见许多原本贫穷愚钝的孩子做出了惊人的事业，这激起了他做大商业家的决心。他自问："别人能做惊人的事业，我为什么不能做呢？"

回到家后他对父亲说他想开一家商店，父亲劝他打消这个念头："你天生就不是个商人。"但尼克自信地向父亲保证他一定会成功。起初，尼克的经营很不成功，但他不断地进行尝试，很快就找到了成功的经营方法。他的小店红火起来了，只用了几年时间，他的商店就遍及他所在州的城乡，这让戴维斯和他的父亲惊讶不已。现在，已经拥有几亿资产的尼克感慨地说："什么事都是可以办到的。只要你去掉那些阻碍自己前进的想法，你就可以成功。"

世界上很多人在未进行某项尝试之前就认定自己"不是那块料"，"天生注定不会成功"，也正是因为他们所抱持的这种消极观念，阻碍了他们能力的发挥，不能走向成功的殿堂。

其实每个人都有巨大的潜能，它像一座金矿等待着我们去开发。任何成功者都不是天生的，他们成功的最根本原因是激发出自己身体内深藏潜伏的才能。只要你抱着积极的心态去开发你的潜能，就会有用不完的能量，你的能力就会越用越强。相反，如果你抱着消极的心态，不去开发自己的能力，那你只会叹息命运不公，并且越来越消极，越来越无能！

在尼采的《查拉图斯特拉如是说》中，一开始的描写就表现出了尼采的特色。虽然尼采和叔本华的思想，都带有悲观主义的色彩，但两者之间，又有区别。叔本华是悲观地全部否定了人生，让人走向了死亡，但尼采在悲观中带有积极的意义，他赞美和提倡奋发向上的人生和人的生命力。

积极地看待生活，发挥自己的能力，争取事业的成功，需要勇气和持之以恒的精神。如果你没有勇气向固有的错误观念挑战，你可能会轻易地放弃自己的希望，重新回到消极悲观的生活中去。记住，你是唯一能够决定自己命运的人。当你开始运用积极的心态并把自己看作成功者时，你就成功了。

意识是我们最好的成功伴侣

不要再把自己的注意力放在这件棘手的问题上，留下宽松的空间，让思想为你寻找问题的答案。

——尼采

当一个人启动了自己的潜意识，他就会发现自己下一步应该怎么去执行。遵从意识的引导，这是每一个梦想成功的人都应该意识到的。当一个人认识到潜意识是自己成功路上的可靠伴侣时，他便是自信的，必将取得成功的。

尼采说："当遇到难题时，我们不必惊慌失措，而要立刻开始进行有意义的、建设性的思考。因为，通过你积极地思考，你会激发出自己潜意识中的能量，从而获得解决问题的方法。记住，这种思考应该是摒除了焦虑、紧张、恐惧后的思考。"尼采用思考去除意识的杂质，从而让自己逐渐成长为了不起的人。

在今天看来，一个人的成功是诸多因素促成的，这包括一个人的天赋、努力、学识、技能等。现实生活中，人们也往往专注于这些素质的培养，认为只要具备了上述素质，成功自然可以唾手可得。是的，这些因素确实是一个人取得成功的主要原因。但是，通过一些在科学事业中取得成就的人对成功过程的描述，我们会发现他们在遇到事业的瓶颈之后，往往会经历一个顿悟的时刻，也正是这个顿悟让他们跨过了阻碍自己事业的障碍，最终取得了骄人的科研成果。

著名的化学家弗里德里克·冯·斯特拉多尼斯为了搞清楚汽油的分子排列形式，一直在实验室里进行试验。但是，很长一段时间，他都一无所获，这让他十分苦闷。一天，他乘车去伦敦，突然，他的脑子里显现出了这样一幅画面：一只蛇咬住了自己的尾巴，像一架风车似的不停转动。当斯特拉多尼斯意识到这个画面时，他立刻对汽油的分子结构有了清晰的认识。就这样，我们之后所知道的苯环分子环形结构就这样被发现了。

著名的自然主义学者阿加西斯教授曾经在自己的梦境帮助下辨认出了一条鱼化石的种类。

阿加西斯教授曾花费很长时间去辨认一条鱼化石的种类，但是这条鱼化石的外表已经模糊不清，根本无法看出任何明显的特征。经过一番艰苦的工作，阿加西斯教授不得不放弃辨认。之后的一天晚上，阿加西斯教授突然在梦中梦到了这条鱼化石的其他部分，但是醒来后却又忘记了。这样的情况发生了两三次，每次醒来后，阿加西斯教授都无法再回忆起梦中的情景，最后，他决定把笔和纸放在自己的床头，这样当他再梦到时，便可以马上记录下来。一天清晨，朦朦胧胧之间，他再次梦到了这条鱼的形状，于是，他马上起来把它记录了下来，并立刻赶到工作室，将草图和鱼化石进行了比对，发现竟然是一致的。就这样，阿加西斯因为自己的梦辨别出了这条鱼化石的种类。

上述两位科学家通过一瞬间的顿悟，或者可以说一刹那的灵感，解决了自己科研中遇到的难题。这并不是他们偶然的收获，而是他们不断努力的结果。当他们花费大量的精力去思考这个难题的时候，这个难题也就深深地刻在了他们的潜意识之中。

潜意识是我们智慧的源泉，当它开始积极地为我们搜索我们之前的经验、知识，并提供出解决问题的方式时，便会使人有一种顿悟或灵感的心理感受。其实，这正是一个人潜意识在发挥着自己的作用。精神分析学派的创始人弗洛伊德在他的著作《释梦》中，全面深入、不厌其详地为我们讲述了潜意识的巨大作用。比如，在梦中出现的景物，我们在醒来时会觉得闻所未闻、见所未见，但是，这正是潜意识将我们平时接触过却没有进行记忆的场景，在我们的梦中进行了重现。因此，当一个科学家在梦中找到解决科研难题的答案时，也就不足为奇了。潜意识可以使人具有超常的领悟能力和观察能力，正是因为如此，很多科学家都十分重视开发自己的潜意识。

尼采在他的第一部学术著作《悲剧的诞生》中，就已开始了对现代文明的批判。他指出，在资本主义社会里，尽管物质财富日益增多，可人们并没有得到真正的自由和幸福。僵死的机械模式压抑人的个性，使人们失去自由思想的激情和创造文化的冲动，现代文化显得如此颓废，这是现代文明的病症，其根源是生命本能的萎缩。尼采指出，要医治现代疾病，必须恢复人的生命本能，并赋予它一个新的灵魂，对人生意义做出新的解释。他从叔本华那里受到启示，也认为世界的本体是生命意志。而这种生命意志便体现在对潜意识的回应上。我们要学会寻求内在潜意识，相信潜意识会为你找出正确的答案，直到你发现自己开始做出回应。这种内在的指引,是一种强烈的预感,是一种无法言说的内在感受,使自己确信正确的事情必将发生。

不让环境对自己产生负面影响

尼采十分强调环境在我们人类生存中的巨大影响力。他相信,我们人类"首先是情境中的生物","因为情境塑造了我们,决定我们未来的诸多可能性,我们便不可能独立于它而存在"。在这里,情境即为环境中的一个片段。

尼采回忆童年时说:"早年,在我的生活中,我已经见过许多悲痛和苦难了,所以,我不像孩子们似的天真烂漫和无忧无虑了……从童年时起,我就会自己寻求孤独,喜欢躲在一个没有人打扰的地方。在一个自由自在的大自然中,我会找到最大的快乐。一场雷雨经常会给我留下最美好的印象,满天轰鸣的雷声和闪亮的电光,更加增添了我对上帝的敬畏。"

中学时,尼采还构思了一部《死亡与毁灭》的中篇小说。由于他从小亲眼目睹了亲人死亡,关于死亡的问题,引起了他的深思。尼采曾说:"既然,人最后终有一死,那么,生命还有什么意义?"从中,我们可以看出尼采从小就喜欢思考和探索生命的意义,他不管环境如何变化,依然坚强地活着,不断地探索着大自然的奥秘。

不得不说，我们的生活受着环境极大的约束与影响。不同的国家由于地理位置的不同，形成了不同的民族性格；不同的民族在各自环境的影响下，也形成了不同的民族文化。我们在环境中不断地成长，随着环境的改变而不断地变化。环境极大地塑造了我们的性格、文化与行为方式。我们就是生活在环境中的人，在不同的环境中扮演着不同的角色。

环境对人的影响是巨大的，它无声无息地给我们每个人打上了它独有的烙印。正因为如此，很多教育学家、心理学家都十分关注环境对人的影响。美国著名的教育家杜威曾提出过这样一个观点：孩子的心灵是一张白纸，你在上面画些什么，孩子就能成为什么。"心灵白纸说"显然不能被瑞士心理学家、精神分析学说创始人弗洛伊德所接受。弗洛伊德认为孩子在出生时，其潜意识就打上了原始祖先遗留下来的烙印，而教育的作用则是为了抑制孩子的这些原始本能。不管杜威和弗洛伊德的观点谁对谁错，他们两人在教育的作用还是取得了共识，即教育可以影响孩子的成长，成为人们对抗环境，塑造自己的一种手段。

社会学中曾记载了这样一个案例：

1938年冬天，在宾夕法尼亚的乡村，一个社会工作者调查了一起儿童虐待事件。这名女童名叫安娜，她是一个私生子。她的祖父十分反感女儿"未婚先育"，因此不愿意将安娜留在自己家中。就这样安娜在出生后的最初六个月里先后被母亲安置在好几家儿童福利院，可由于她的母亲无力支付其所需的费用，最后还是只能把她带回了家。为了不让自己的父亲生气，安娜的母亲将安娜安置在一个储藏室里，每天只能给她提供一下仅供维持生命所必需的牛奶。这种情况一直持续了五年。

等到安娜被人发现后，社会学家戴维斯立即前去探望。据他讲述，安娜不仅羸弱不堪，而且她还不会大笑、说话，甚至都不会微笑。她对外界没有任何反应，好像自己独自生活在一个世界中。

安娜在一个孤独的环境中生存了五年。在这五年中，她没有像其他孩子一样接受教育，无法开始自己的社会化过程。因此，当戴维斯惊诧于安娜像是独自生活在一个世界中时，也就不奇怪了。环境的影响造就了安娜的不谙世事。但是，相对于人们之前发现的"狼孩"来说，安娜是幸运的。因为，在之后的救治过程中，安娜学会了如何与人沟通，并在十岁的时候，学会了一些简单的语言（这已经是很不错了，因为安娜的母亲自身就有精神病）。而"狼孩"在她短暂的一生当中都没有学会如何使用语言与人沟通（最初发现的"狼孩"为两个女孩，一个八岁左右，在十几岁时去世；一个两岁左右，被解救出来后很快便去世了）。

由此可见，环境对人的影响程度是无法估量的。这种影响不仅来自客观的自然环境,也来自人造的社会环境。人们可以创造环境,努力建构我们理想中的环境,这说明我们并不是环境的奴隶,并不需要对环境卑躬屈膝、逆来顺受。我们有自己的优势,有自己的能动性,有认识环境,利用规律的能力,因此,我们完全可以和环境产生良性的互动关系。

然而,我们也要深刻地认识到,当我们创造出一种新环境时,我们便置身于这种新的环境的影响之下。我们与环境这种看似处于无限轮回中的关系,正是我们与环境互动的规律所在。

改变心境就能改变你的生活

> 世界弥漫着焦躁不安的气息,因为每一个人都急于从自己的枷锁中解放出来。
>
> ——尼采

尼采认为,人们内在的道德、情绪、情感往往会投射到外部的环境中。比如,一个喜极而泣的人,即使见到一个丑陋的东西,也会发觉它可爱的地方。而一个满怀怨恨的人,即使见到最可爱的东西,也能挑出它身上的缺陷。

这就是人们常说的"境由心生"，如果你想让自己所处的环境变得快乐、温馨的话，那么就改变你的心境吧。

布朗夫人在第二次世界大战期间失去了她唯一的儿子，而且在之前的几年，她已经接连失去了自己的丈夫和母亲。布朗夫人这样描述自己当时的境遇：

"第二次世界大战结束了，人们开始欢庆战争的胜利，享受家庭的天伦之乐。而我的母亲、丈夫，还有的我的儿子唐纳都已经离我而去，整个家里就只有我一个人了。面对空荡荡的房间，一种强烈的孤独感涌上了我的心头。我知道，一个人的生活将把我打入孤独、凄凉的境遇之中。面对着如此的悲戚的环境，我不知道如何是好。

"时间过得很快，我感觉自己要被这种孤独寂寞的氛围压抑地窒息而死了。我十分害怕，怕自己永远陷入这种悲凉的境地。直到有一天，我对自己说'你已经失去了亲人，可是你还有朋友。但是，如果你一直这样毫无生气地生活下去的话，你早晚也会失去他们。'我告诉自己必须振作起来。

"于是，我开始出去工作。渐渐地，我发现我对生活、同事、朋友们又重新产生了热情。我知道，不幸的事情已经结束了，美好的生活正在前方等着我。虽然这种转变经历了很长时间才发生，但是它毕竟是到来了。我知道，这是我选择出去工作带来的结果。"

布朗夫人做出了正确的选择。她没有一直沉浸在失去亲人的悲凉心情之中，而是选择走出家门、参加工作，在和同事、朋友的交往中来改变自己的心境。她做到了。当她做到的那一刻，她的生命又重新显现了夺目的光辉。

选择的力量存在与你我的头脑之中，只要你想运用它，你随时都可以将它掌握在你的手心之中。运用选择的力量，我们可以改变自己的心境，实现自己的计划，真正按照我们梦想的方式去生活。

有两位老太太，她们虽然都已经年届七十，却有着不同的心境。一个老太太内心充满活力，总是想尝试新鲜的事物。另一个老太太则心如死灰，只求自己可以远离疾病的折磨。充满朝气老太太为自己定下了一个高远的目标——征服世界的山峰，领略不同的风景。在七十岁的年纪，这位老太太开始学习爬山。随后的25年，她一直在从事这项事业。在95岁的时候，她登上了日本的富士山，并因此创造出了一个新的世界记录——登顶富士山年纪最大的人。这位老太太就是大名鼎鼎的胡达·克鲁克斯。

克鲁克斯女士以她积极的心态为我们做出了榜样。我们虽然不能使时光倒流，重新得到充满活力的青春，但是，我们可以改变自己的心态，使自己的心永远年轻。

可见，美好的心境会产生无穷的力量。决定一个人一生的并不仅仅是环境，这个人面对环境所作出的选择也是至关重要的。他是否可以掌握自己选择的力量，通过控制自己的思想，进而间接地改变环境，这事关一个人的现在和未来。人生到底是悲剧收场还是喜剧落幕，是黯然失色还是丰富多彩，全在于一个人是否懂得运用选择的力量。

心灵没有了从容，人生便会迷失

> 一些登山者像野兽一样，努力征服一座座高峰，但却忽略了沿途的美景。无论是登山还是工作，太过忘我、忘却其他的一切，都是愚蠢的行为。
>
> ——尼采

尼采的这句话是要告诉我们，人生路上，眼里只有目标，人生便会迷失。在人生的旅途中，目标固然重要，但我们更不能忘记欣赏沿途的风景！

人们常说，人生就是一次旅行，在这一过程中，只有跋山涉水，不惧艰辛，走过忧郁的峡谷，穿过快乐的山峰，跨过辛酸的河流，越过滔滔的海洋，才能走到生命的最高峰，领略美好的风景。诚然，我们不能否认这一点，人的一生是短暂的，我们若把眼光总是放在前面的事物而错过了眼前的美景，那么只能空留遗憾。

现实生活中的很多人，他们一直信奉勇往直前的原则，向往着未来的、他人的生活，于是，他们总是在马不停蹄地追赶，但时过境迁，等他们青春年华不再时，才知道自己已经错过了生命中最美的时光。

有个成功的企业家，他的成功可谓是一路艰辛。他从十几岁就开始给别人帮工，每天都早起晚睡，整天都是忙忙碌碌，几乎就没有休息过，也没有参加过任何娱乐活动。那时候，他的梦想是将来自己有一间铺子就好了。

几年后，他终于开了一间铺子，生意不错，此时，他告诫自己更不能放松。于是他仍然起早贪黑，匆匆忙忙，休息时间更少了。他想，等将来生意做大了就好了。

又过了几年，他的生意果然做大了，拥有了数间很大的门市，每天货进货出有几百万元的资金流动。他更不敢放手给别人去做了，还是自己苦拼，联系货源、接待客户、管理账目，总是亲力亲为，忙得如有狼在后面追一般。看他如此辛苦，有人就劝他："你放一放可以吗？好好地休息一天，看看世界会不会大变。"

他回答："不行，我不做时，别人会做的，前面的那些大户们我会追不上的，后面一些中小户又逼上来，放一放，我会落在后面的。"

终于有一天,他累倒了,被迫躺在病床上不能动了,以前高速运转的日子一下停下来,他终于可以静静地想一下匆匆而过的人生了。有一天,他看到一个病人被抬进手术室再也没回来。那个病人很年轻,刚刚还与自己谈过出院后要去旅行。他看着对面空空的病床,心不由得一震,顿时大彻大悟了:人由生到死其实只是一步的事,这一步,自己却走得太过沉重啊!一直以来,自己的名利心太重,想要的太多,然而真正得到的却很少。如果不是这次病倒,他会一直拼到50岁、60岁,甚至更久,没有娱乐,没有休息,最后两手空空地离开这个世界,这是一件多么可悲的事啊!

康复后,他像换了一个人似的,生意还在做,只是不那么拼命了,他不再去追前面的大户,也不怕后面的小户追上来,甚至错过一笔很有赚头的生意也不会在意,人们还经常可以在高尔夫球场上看到他,有时他也快乐地与他的家人坐飞机到外地旅游。

他终于懂得了生活的意义,终于找到了所谓的"放下"——这颗人生中最宝贵的钻石。

生命如此脆弱,假如你有一个"行千里路"的梦想,而被周遭的事物牵绊住的话,那么终有一天,生命会因不堪重负而轰然倒塌,而你的梦想从未实现。

因此,生活中忙碌的人们,我们应懂得适可而止,再忙,也要偶尔停下脚步去欣赏一下周边的风景,我们要学会洒脱地面对生活,面对生命。只要潇洒一点,你的心就不会老去,心中永远有用不尽的激情,眼睛里时时刻刻都是新鲜的风景,这样的生活不禁会让我们萌生无限的遐想和向往,让我们在清晨的阳光下上路,追随着潇洒者的足迹,一起感悟那些在路上折射出来的不尽的哲思之美。

心有多大,世界就会有多大

人生就好像爬山,最重要的是先给自己定一个高度,如果你只把自己的人生目标定在半山腰,那么你就绝对不可能爬上荣誉的顶峰。

——尼采

尼采说:"那些成功人士在他们成功之前,往往都有自己的理想,然后追逐自己的理想。"的确,一个没有理想与抱负的人,便没有未来。人有了理想之后,工作就不会觉得辛苦,吃点亏也不会去计较,在争取成功的路途中也会增加很多力量。

约翰的父亲在马戏团工作,因此约翰从小就必须跟着父亲东奔西跑，一个地方接着一个地方演出。由于经常四处奔波，约翰的求学过程并不顺利。

中学时，有次老师叫全班同学写作文，题目是"最幸福的事"。那晚，约翰洋洋洒洒写了7张纸，描述他想象中的最幸福的人生，那就是拥有一座属于自己的农场。他为此还画了一张200亩农场的设计图，马厩、跑道等的位置也标得一清二楚，在这一大片农场的中央，他还设计了一栋豪华别墅。

约翰花了很多时间把作文完成后交给了老师。两天后，他拿回了自己的作文，看见上面打了一个又红又大的"×"，老师在旁边还写了一行字：抽空来见见我。

下课后，约翰带着作文去找老师："为什么我的作文不及格呢？"

老师回答道："你年纪这么小就做白日梦。你看，你不仅没钱，家庭也没什么背景，可是盖座农场是需要很多钱的。小孩子别太好高骛远了，我想你如果重新写一篇，理想是切实可行的，我也许会考虑重新给你打分。"

约翰闷闷不乐地回家，不知道该怎么做，于是就去征询父亲的意见。父亲告诉他道："孩子，这是非常重要的事，你要自己拿主意。"

最后，约翰决定一个字都不改，还是交回原稿。他对老师说："即使不及格，我也不愿放弃对自己幸福的设计。"

十几年后，和约翰当初设计的一样，他真的拥有了200亩农场，农场中央有一栋豪华的别墅，别墅里面放着约翰念中学时写的那篇作文。

后来，那位老师带着学生来约翰的农场露营。在见到约翰时，老师说："你读中学时，我曾泼过你的冷水。这些年来，我后悔对不少学生说过类似的话，幸亏你有信心坚持自己的梦想，能够大胆地规划幸福。"

心有多大，成功就有多大。约翰能找到自己的幸福，充分证明了梦想的伟大力量。美国第三十七任总统威尔逊说："我们因有梦想而伟大，所有的伟人都是梦想家。他们在春天的和风里，或是冬夜的炉火边做梦。有些人让自己的伟大梦想枯萎而凋谢，但也有人灌溉梦想，保护它们，在颠沛困顿的日子里细心培育它，直到有一天得见天日。这些是诚挚地希望自己的梦想能够实现的人，所以，请你不要放弃，相信自己，也要相信自己的梦想，不要在自己的心里轻易的否决它。"

俗话说："志有多高，路就有多远！"成功的人都是从基层一步步走向成功金字塔的顶端的，他们的成功都有着一个共同的秘诀，那就是让自己拥有一颗高远的心，在广阔的舞台上点亮自己理想的明灯，尽情地挥洒自己的才华，最终获得经久不息的喝彩与掌声。

Part2
尼采谈思维
——勘破世俗的谬见

尼采的一句名言"一声断喝——上帝死了"是对上帝的无情无畏的批判。他借狂人之口,说自己是杀死上帝的凶手,指出上帝是该杀的。在尼采看来,有些伦理约束人的心灵,使人的本能受到压抑,要使人获得自由,必须杀死上帝。有人说,这绝不是尼采的疯狂,而是这位哲学家勘破世俗谬见的最好证明。这位伟大的哲人似乎要告诉我们的是,建立新世界、新局面,就必须打破世俗谬见。

放开思维的束缚，人生从想象开始

  如果缺乏想象力，我们人类将不会有任何发展与进步。

——尼采

  人类的文明是建立在想象中的。人们发现，世间很多新事物的产生都是想象的结果。小到日常用具，大到奔月飞天，都是按照某种设想然后践行的。人生的成功更离不开想象。有这样一个和尼采有关的故事。

  这天，有朋友去拜访尼采。到了尼采的家，尼采的佣人告诉他："很抱歉……这时候请不要打搅先生。"

  "请你告诉我，为什么这个时候不能打扰他好吗？"朋友礼貌地说。

  佣人迟疑了一下说："先生正在静坐冥想。"

  朋友忍不住笑了："静坐冥想，那是什么意思啊？"

  佣人笑了一下说："我很难解释，你最好还是请尼采先生自己来解释吧。"

  朋友决定等尼采出来。

两个小时后，尼采走进房间接待了朋友，朋友把他佣人说的话告诉了尼采，尼采说："难道你不想看看我静坐冥想的地方，并且了解我怎么做吗？"

于是，尼采领这个朋友到另一个房间去，这个房间是隔音的，陈设简陋，里面只有一张简朴的桌子和一把椅子，桌子上放着几本白纸和几支铅笔，另外，还有一个可以开关电灯的按钮。

尼采告诉朋友，自己在遇到困难而百思不解时，就会走到这个房间来，关上门和灯，让自己安静地坐在黑暗中，这样就可以全副心思进入深沉的集中状态。他就这样通过"想象"的方法让自己的潜意识给他一个解答。有时候，灵感会迟迟不来；有时候也一下子就涌进他的脑海；为了一个好的想法，花上两小时或两天也是常有的事。等到念头开始澄明清晰起来，他立即开灯把它记下。

难道尼采的伟大思想都是靠这样"想象"得来的吗？当然不是，但这样的方式对其帮助很大。

想象是一个人成功的工厂，在这个工厂里，可以把原来的想法和已知的事实重新组合，产生新的用途。现代辞典对"想象力"一词的定义是这样的："建设性智力的行为，把知识资料或思想，集合成新的、始创性的及合理的系统；建设性或创造性的才能；包括诗歌、艺术、哲学、科学及伦理上的想象力。"可见，想象力对成功与否起到决定的作用。一个好的构想具有不可估量的价值，原因就在于此。

每个人都不妨对自己未来发挥充分的想象，这种想象，看似不可能实现，但不代表未来不可以实现，它可能是你获得巨大成功的萌芽。不仅尼采的哲学思想可以通过想象的来，很多科学思想也源于想象。

一位父亲以替别人放羊来养家糊口。这天，他带着两个年幼的儿子在山坡上放羊。

这时，一群大雁鸣叫着从他们的头顶飞过。

小儿子问："爸爸，大雁要去哪里呀？"

"它们要去南方，因为南方很温暖，能舒服地度过冬天。"父亲说。

大儿子看着在高空展翅飞翔的大雁说："如果我们也能飞就好了。"

小儿子也对父亲说："是呀，要是我们会飞该多好啊！"

父亲沉默了一下，然后郑重地对他的两个儿子说："孩子，只要你们愿意，你们一定能飞起来，那时你们就可以去自己想去的地方了。"

两个孩子把父亲的话牢牢记在心里，想象着自己的能飞起来的样子。

几十年后的一天，他们真的飞起来了，他们就是莱特兄弟。

想象力会最大限度地激发人的潜能，让飞翔不再是梦想。如果你愿意，并发挥你的想象力，你也可以跟莱特兄弟一样，获得人生的成功。想象具有神奇的力量，它可以让人在黑夜感受到阳光，它能引领着人们去追逐一个又一个的目标。

牛顿说："一个好的构想具有不可估量的价值。"想象让人有一种超前意识，其力量不可估量，小到个人的发展，大到人类的进步，想象是一个开端。一种新事物的出现，首先出现在人的思想里，然后人会根据这个思想去设计，并让它逐步成熟。不信，你可以检查一下，你会发现，你的很多拥有都是从想象开始的。

创新是一个人的资本和能量

> 很多时候，一个人会因为有出色的创新思维能力，而为自己拓展出一条大道，或者变成一位不可取代的重要人物。
>
> ——尼采

什么是人的资本？不难理解，金钱、房产、学历乃至长相都有可能成为一个人的资本，这些资本都是看得见的。尼采说："在人的所有资本中，人们往往会忽视一个看不见的资本——与众不同的思维和做事方式，这是他走捷径的最好方法。"尼采说的这句话，就是在阐述创新的意义。的确，创新是一个人最有价值的资本。当今的社会是一个信息的社会，起决定作用的是你资源丰富的大脑。在社会中，如果你想让自己跟上时代的步伐，创新便是你赖以成功的资本。

我们通过对许多成功者的考察发现，他们都存在着一个显著特征：遇事头脑冷静，面对问题思维灵活、解决问题机动多变，总是能找到多种方案，而不是一味地钻牛角尖。也就是说，这些成功者之所以能闯出一片天地，就在于他们惯于充分培养并发挥自己思维的创新能力。一切资本的获得和保持，往往都建立在创新的基础上，可以说，人最好的资本就是懂得创新。

1972年，年仅17岁的乔布斯考上了俄勒冈州的瑞德学院。但他中途放弃了大学学业，和朋友渥兹尼克一起研发物美价廉的个人电脑。不久，他们展示了自制的第一台微电脑。乔布斯在展示会上这样说道："渥兹尼克和我创立了苹果电脑，因为我们都希望拥有一台个人电脑，不仅是因为买不起眼下市场的大型电脑，而且也因为不实用。我们需要一台像福斯金龟车式的个人电脑。诚然，福斯金龟车这种常见家庭用车比起大型车来，不见得有多么惬意或舒适，但它价格低廉，车主照样可以带着一家人到任何地方去，其功能也足以供家庭使用。让我们都拥有一台这样的个人电脑吧。"就这样，乔布斯开创了硅谷的天方夜谭：他以1300美元起家，在不到5年的时间里，推出的苹果个人电脑席卷了全球。

2004年，身为苹果公司首席执行官的史蒂夫·乔布斯将公司的研发重点如iPad的平板电脑转向全新的手机行业。

说到苹果手机，其外观就让人不得不提。流畅的线条，轻薄的手感，华丽的外观，第一眼就给人高大上的感觉。苹果手机有着圆角矩形的专利权，手机大小合适，四角圆润流畅，加上苹果的商标简约舒适，无不给顾客以最大的舒适感。iPhone手机率先应用了多点触屏、重力感应器、光线传感器，甚至三轴陀螺等超过200项的专利与技术，并把这些技术的作用发挥大了极致。

从苹果电脑到苹果手机，二者之所以能风靡全球，受到全世界的追捧，最关键的因素就在于乔布斯的创新。乔布斯的经历向我们展示了一个显而易见的道理：创新是一个人成功的资本，要想成为成功的人，必须具有创新思维。

思维决定命运，人生的价值常常体现在创意中。一个人有什么样的思想，就会有什么样的行动；有什么样的行动，也就会得到什么样的结果；有什么样的结果，就会有什么样的命运。

在守旧中灭亡，在求新中永生

> 记住，创新不一定非得完全地改变、否定以前的一切，对自己资源的一种全面整合，对自己未知的潜质的一种挖掘，这也是一种创新。
>
> ——尼采

遇到难办的事，就要想"点子"，人们会将那些能巧妙解决难题的办法叫"金点子"。这就是创意的价值。好点子往往与众不同，所以，求新是好点子的最大特点。

有人说："人世间的一切都在流转，连日月也不例外。今天的日月已经不是昨天的日月了。"其实，无论是谁，只要是成功者，他们的秘诀就只有求新：求新，求新，再求新。我们为什么要在别人后面呢？求新是一个人成功的正能量。

美国实业家罗宾·维勒说过："我成大事的秘诀很简单，那就是永远做一个不向现实妥协而刻意创新的叛逆者。"从罗宾·维勒的言行中能看到，创新思维对一个人的成功所起的作用是多么巨大。

当时，全美流行一种短帮皮靴，很多从事皮靴业的商家都抢着制造这种短帮皮靴。他们认为，赶大潮流挣钱风险要小得多。

当时，罗宾只是一个小鞋匠，有十几个雇工，经营着一家小规模皮鞋加工场。他知道自己的工场规模小，要在竞争中分一块蛋糕很不容易。可是他又想在市场竞争中争取有利地位。自己该怎么办呢？

当时，他有两种选择：

一是让自己的皮鞋在质量上胜人一筹。然而，走质量赢人的路很困难，因为自己的产品产量不多，成本比别人高。提高质量必须提高成本，如果再提高成本，他就没有获利的可能。显然，这条道路是行不通的。

二是着手皮鞋款式改革，以新领先。罗宾认为，皮鞋样子的改变只需要设计者改变思维就可以了，成本很小。

经过更深入的思考，罗宾决定走第二条道路。

于是，他请皮鞋设计师翻新款式。第一次出新产品是每种新款式各制皮鞋1000双，并立即将其送往各大城市推销，很快，罗宾收到3000多份订单。

生意好了，罗宾的皮鞋工场也扩大了，3年后，罗宾已经拥有几十间皮鞋工场。这时候，新的问题来了，不少订单因为雇不到技术工人而无法给买主及时供货。罗宾赶紧召集工人商量对策。他始终相信，人多总能想出解决问题的好办法。罗宾要求大家都去寻找解决办法，并且宣布，对提出解决办法的人进行奖励。

会场很安静，与会者都不遗余力地为罗宾出谋划策。

没一会儿，有一个小鞋匠站起来怯生生地说："罗宾先生，我认为要是雇不到工人的话，我们可用机器来制造皮鞋，这样可以一劳永逸地解决问题。"

他的话还没有说完，就被一个老工人善意地打断了："孩子，用什么机器来造鞋呀？谁会造一种这样的机器呢？"

小鞋匠窘得满面通红，惴惴不安地坐了下去。

没想到的是，罗宾却走到这个小工的身边，挽着他的手高声说："各位，这个想法非常好。现在，我宣布这个孩子获得了我给予的奖金。"

经过4个多月的研究和实验，罗宾的皮鞋工场的很多工作就被机器取代了。此后，他的皮鞋工场不断发展，他最终也成了美国的皮鞋大王。

罗宾·维勒之所以能成大事，与他时时保持锐意创新的精神是密不可分的。机械生产在今天看来是必然的趋势，很平常。但在罗宾的那个时代，没有人用机器去生产皮鞋，更没有生产皮鞋的机器。罗宾的做法是个创举。

做事往往有两种方法，一是创新，二是模仿。在尼采看来，创新的人，会在别人看不到机会的地方发现新的出路，找到让自己成功的办法；模仿别人，就不会有超越，所以往往不会取得大的成就。成功的人总是让创新思维活跃在自己的大脑中，时时刻刻为解决难题而想"点子"、找"金点子"，于是，他们成了成功的一群人。

灵活处理问题，变末路为出路

>如果你封闭了自己的头脑，你就会被良好的机遇和他人的友好合作拒之门外。
>
>——尼采

在很多人看来，变通是成功道路上的一个必然选择。尼采认为，在人生的每一个关键时刻，都要审慎地运用智慧，做最正确的判断，选择正确方向，同时别忘了及时检查自己选择的角度，适时调整，放掉无谓的固执，冷静地用开放的心胸做正确抉择。因为每次正确无误的抉择将指引你走入成功的坦途。就像诺贝尔奖得主莱纳斯·皮林说的那样："一个好的研究者知道应该发挥哪些构想，而哪些构想应该丢弃，否则，会浪费很多时间在差劲的构想上。"

在很多时候，由于种种原因，问题得不到解决，让当事人处于一个两难的境地,这时,最明智的做法是学会灵活处理问题,这样往往能解决大难题。

在随身听问世之前,市面上只有体积很大和重量很重的录音机。日本索尼公司的几名音响技术人员出于好奇,把公司生产的便携式口述录音机改装成了一台四轨立体声录音机,然后再配上一副普通的耳机,就这样,随身听播放器的前身就出来了。

这个消息立即就传到了盛田那里。第二天盛田拿到了那台播放机,但是他觉得个子还是大,而且重量也差不多,于是他和技术人员说:"我想听音乐,但是又不愿意妨碍别人,也不能一天到晚坐在音响前不动啊,可是这个东西又太大,太重了。"

技术人员明白了他的意思,于是拿着东西又回去了。

那时的日本几乎家家户户都有音响设备,室内有组合音响,汽车里也有收音机。无论是东京还是大阪,到处都可以看见挎着或拎着收录机、单放机播放震耳欲聋音乐的年轻人。盛田心想,如果能把这个东西改进成更小更轻的产品,那么,这种新商品一定有销路。他立即将这一想法付诸实践。

他召集工程师们开会,说明用意,说要开发一种袖珍型单放机。但是在开发会议上却没有人赞成他的主张。大多数人的理由是"谁也不会买没有录音部分的单放机"。最后盛田还是说服了他们。工程师和技术人员在盛田的指示下,没用几天就把一台很重很大的播放机改装成由204个零件组成、重14盎司的轻型播放机。盛田把这一台立体单放机拿回家中,收听音乐。他的妻子见了,也心痒难耐,于是盛田给了她一只耳机,和她分享快乐。受到这个启发,盛田又让技术人员们制造出两副耳机的单放机。

几天之后,盛田和朋友一起去打高尔夫球。在汽车里,盛田拿出了"瓦克曼",把一副耳机递给司机。由于两人都戴着耳机在听音乐,因此他俩说话谁也听不见,又不能调节声音,盛田意识到耳机的种种不便,于是又让工程师们安装了可调的麦克风。这样,音量可大可小,人们既可以欣赏音乐,又能够随时交谈。

就这样,一种新型的播放机成功被研制出来了,它一上市,果然不出所料,成为年轻消费者的宠爱之物,并且很快风靡全球。

解决一件事并非只有一种办法,只要有一双善于发现的眼睛,有一个会思考、创新的头脑,那么很多事都会有更巧妙的解决办法。在尼采的人生哲学中,就有这样一条:在人生的竞技场上,要想做出与众不同的事业,必须学会变通。我们不要抱怨成功的路太难走,好不好走关键看你能不能灵活地去走。

不迷信经验，懂得打破思维定式

> 人性中的偏见和固执往往都源于固定的思维方式，所以，思维定式容易把人的思维引入歧途，给生活与事业带来消极影响。
>
> ——尼采

所谓思维定式，是指人们思想的趋势、程度和方式。构成思维定式的因素，主要是认识的固定倾向。这种模板式的思维方式，传递的是负能量。

在非洲的撒哈拉沙漠，骆驼是一种最重要的交通工具。撒哈拉每个养骆驼的人，都有一套驯养骆驼的技能。

当小骆驼出生时，养骆驼的人就要在地上埋下一根木桩，并用鲜艳的红线缠裹，然后把骆驼拴在上面。小骆驼当然不甘被一根小木桩屈服，于是它拼命拉着绳子，前后左右，想把那根小木桩从地下拽起来，但每次努力都失败了。

几天后，当骆驼累得筋疲力尽，渐渐地开始屈服了，主人就会拆了木桩上缠裹的红线，然后坐在木桩上，用手拉住拴骆驼的绳子，不住地抖动。这时骆驼又会拼命地拽，甚至连蹄子都拽

Part2　尼采谈思维——勘破世俗的谬见

出了血，可是依旧摆脱不了那条紧拉的缰绳，渐渐地，骆驼只得再次臣服。再后来，牵骆驼缰绳的人换成了孩子，骆驼仿佛看到了希望，又开始了新一轮的挣脱。当然，最后它还是失败了。就这样骆驼终于彻底被驯服了。从这时起，只要主人手拿着一根拴着骆驼的小木棍，随便往地上一插，骆驼便会围着那根小木棍打转，不再作"无谓"的抗争了。也就是这个原因，当突然遇上沙漠风暴来袭时，一些骆驼队的人为了防止自己的骆驼被刮走，往往会在地上插上一根木棍，这样就等于固定住了骆驼。有时候，虽然驼队的主人被巨大的沙暴无情地裹走了，但是这些骆驼还是会寸步不离地守着那根小木棍，等待着它的主人，一天、两天……直到最后被饿死。

有经验是好事，但惯于经验也会成为人生的束缚，所以不要盲目地推崇"经验第一"。只要拿出破除经验的勇气，你就能获得积极的力量，闯出一条新路。尼采说："先前形成的经验会使人形成固定认识，从而影响后来对事情的判断，形成'思维定式'。"

原有的思维习惯使人们在解决问题时不用太多的思考，能减少摸索的过程，让行动更快速；但是，这种固有的思维觉有一定的刻板性。另一方面，它容易让人过多地依赖经验，稍有不慎，就会导致人们在解决问题时陷入困境。"人一旦养成了某种习惯的思维定式，就会习惯地顺着这种方式去思考问题，不愿也不会转个方向、换个角度想问题,这是很多人的一种愚顽的'难治之症'。"尼采这样说过。

现实中,有人会因为走不出思维定式而走不出可悲的宿命,而一旦走出了思维定式,他就会看到许多别样的人生风景。工作中,我们常会遭遇瓶颈,走进困境,这时,试着改变自己的思维习惯,你就会走出困境。

为了给大楼加装一部电梯,专家们费尽了心思。因为不管怎么设计,不是楼内空间不够,就是会影响到大楼的安全。虽然参与设计的人都是顶级专家,他们的讨论也持续了好几个星期,但还是束手无策。

这天,专家们又在为如何加装电梯而争论不休,进来倒垃圾的一名清洁工小声说:"为什么不能把电梯放在大楼的外面呢?"

一句话让这些专家豁然开朗:"是呀,为什么不能把电梯设计在楼外面呢?"

室外电梯就是来自这个清洁工的创意。

在此之前,楼梯都是在室内,所以在加装楼梯的时候,人们受到惯有思维的束缚,很自然地就想到了室内。这样,专家被难倒了,而清洁工没有这种惯有思维的束缚,反而轻易地解决了这个难题。

尼采说:"凡事要相信自己的眼睛,而非书本知识。用自己的眼睛，而不是前人的经验和已有的知识来判断眼前的美景。"在尼采看来，除了书本知识外，前人的经验也是束缚我们发挥思维能力的枷锁，我们若想有所创新和发展，就必须摆脱这些阻碍因素，让自己善于改变思维定式，改变观念。要学会根据不同状况、改变自己的思路。不善改变思维，在遭遇困境的时就很难找到出路。只有运用头脑，积极思考，你就能够发现机会，创造机会，改变自己的生活，实现人生的目标。

推开一扇门，就会获得成功的世界

> 勇于踏入那些别人从未涉足的领域还有一个最大的好处就是没有竞争的压力，只要这扇门被你推开了，你就等于直接取得了成功。
>
> ——尼采

在尼采的著作《玩笑、欺骗与复仇》有这样的一个故事："在一个很古老的国度，有一个国王在刑场上告诉俘虏：'我现在给你们两个选择，一个是直接接受死亡，一个则是选择推开你们面前的这扇门，由门后面的世界决定你们的出路。当然，我不会告诉你们这扇门的后面是什么，你们的运气完全由这扇门来决定。'说完,他就让这些俘虏自己选择,结果,这些俘虏们在死与未知之间都选择了死亡。最后这个国王不得不痛惜地告诉这些俘虏,其实那扇门的背后是他们每个人都渴盼的自由。"

尼采想要告诉人们的是,"人对于无知的恐惧永远大于死亡的恐惧。但是,就是在这种巨大的恐惧中往往蕴藏着巨大的机遇。如果我们渴望机遇的降临就不能因为害怕而不去尝试。"

哥伦布小时候就认为地球是一个球体,而那时的人普遍认为,人类绝对不可能从西方到达富庶的东方,如果从西班牙向西航行的话,不出500海里,就会掉进无尽的深渊。为了证明自己的观点,1485年,哥伦布到葡萄牙国王那里去游说:"其实我们从此向西走,走到一定的路程,必能到达东方。如果你们肯拿出钱来支持我的话,我会证明给你们看。"葡萄牙国王没有答应他,认为他是一个骗子。于是哥伦布又到西班牙国王那里去游说,可西班牙国王也没有答应他。哥伦布并没有因此而灰心,尽管他接二连三地碰壁,在奔波的同时还花光了他的积蓄,但是,他坚信自己的理论。最后,哥伦布终于等到了一个机会,西班牙皇后被哥伦布的一个朋友劝说,答应支持哥伦布去冒险。毕竟就算哥伦布的这个计划失败,她也就只是损失一点小钱。

最后,哥伦布和随行的水手们,以他们坚定的毅力,历尽千辛万苦,在美洲大陆插上了西班牙的国旗。

对于未知的世界我们都会有恐惧心理，但是，当我们有勇气推开一扇门的时候，我们的世界也许就会因此而改变。生命应该是多姿多彩的，我们每个人都应该有各自不同的生活。一个真正有创造力的人不会重复别人的生活模式，他们会因为自己的追求，而努力开拓自己的未来。

生活中，有很多人从没有自己的立场，别人认为不可能的事，在他们看来就不只是不可能而且还加了恐惧。这种人无论对待工作还是对待生活都不会灵活运用已有的知识，而是因循守旧，人云亦云，他们不会有大的发展前途，混日子是他们的强项。所以，他们的人生也只能是平庸而低俗的。

如果你想踏入别人未涉足的领域，就应该独辟蹊径，去走那些别人没有走过的路，推开别人没有推开过的门，这样你才有机会看到别人未曾见到过的美景。

哈罗啤酒进军比利时首都布鲁塞尔的时候，有许多人认为是相当困难的。当时哈罗啤酒厂的市场份额正在逐步减少，可以说哈罗啤酒正面临着倒闭危机。啤酒厂没有钱在电视或报纸上做广告，尽管销售员林达多次建议老板做些广告，但都被拒绝了。林达决定冒险去打开比利时这个市场，于是他贷款承包了啤酒厂的销售工作。但如何去做广告成了林达的心病。有一天，他又在布鲁塞尔市中心的于连广场徘徊，他看着广场中心那座撒尿男孩的雕像，那个用自己的尿浇灭了敌人炸城的导火线而挽救了这个城市的小英雄于连，林达突然有了主意，决定要做一件别人从未做过的事情。

翌日，于连广场上的人们发现，于连雕像的尿由水变成了金黄剔透、泡沫泛起的"哈罗"啤酒，旁边还立着一块"哈罗啤酒免费品尝"的广告牌。这一举措引来众人的围观，市民们拿着自己的瓶瓶罐罐来接啤酒喝，媒体也争着报道这一奇观。

林达的这一创意起到了空前绝后的宣传效果。那一年，该厂的啤酒销量一下了增长了近20倍，这个叫林达的小伙子轰动了整个欧洲，成了闻名布鲁塞尔的销售专家。

也许你会说这样的事谁都会做，但是，既然谁都会做，为什么就只有林达一个人成功地利用了这一机会呢？这就是一个愿不愿意打开思路并敢于冒险的问题。其实，许多很困难的事只要你能够打开思路并勇敢地去做，你也会成功，要知道，别人没有走过的路未必就充满着艰难险阻，别人没有推开过的门也不一定就是被锁着的，只要你勇于推开一扇门，你就会发现世界上的许多门都是虚掩着的。

人的可贵之处在于有独创性

> 要想别人没有想到的，做别人没有做到的，这才是伟大的人。
>
> ——尼采

在当今社会，优秀只可求生存，而只有做到卓越才能求发展。现代社会更需要的不是模仿者，而是开创者。事实证明，只有卓越者不但具有很好的执行力，还具有较强的独创力。尼采就是一位具有独创精神的人，他不满足于前人的哲学成就，勇于坚持自己的观点。在尼采的眼里我们没有看到半点他对之前的"权威"理论抱持的敬畏态度，他只是一五一十地论证与分析。"所谓具有独创性的人，并不是指那些能有所发明创造的人，而是对那些大家都司空见惯的、老旧的、普通至极的、人人都见过的东西，能用他们富有开拓性的大脑，从独特的角度发现和发掘出普通人看不到的一面的人。"这段摘自尼采《人性的，太人性的》中的论述对我们的成长会大有裨益。

在生活中，在工作上，人人都想比别人做得更好，比别人获得更大的成功。如果一个人不相信自己能够完成一件别人从未做过的事时，他就永远不会领先于别人。能够成就事业的，永远是那些敢于想他人之不敢想、为他人之不敢为的人。他们勇敢而有创造力，并且勇于向规则挑战。

19世纪初，拿破仑发动了一场席卷欧洲的大战，急需大量的黑火药。由此，许多化学家以及火药商开始研究、制造起黑火药来。

黑火药的主要原料有硫磺、木炭和硝石。当时硫磺和木炭很容易找到，但硝石却十分缺乏。贝尔纳·库尔特瓦是法国巴黎的一个硝石制造商和药剂师，他正在研究利用海草灰来制取硝石。法国紧靠大海，海草异常丰富。库尔特瓦把收集到的海草烧成灰，再把灰泡在水里，从这些泡过水的灰提取出一袋袋白色透明的硝石，之后就将剩下的水直接倒掉了。但库尔特瓦发现盛装海草灰溶液的铜制容器很快就被腐蚀了，对此，善于思考问题的库尔特瓦想："从泡着海草灰的水中制出硝石后，剩下的液体里是不是还含有别的东西呢？"他认为是海草灰溶液含有的一种不明物质在起作用，于是，他在实验室里开始研究起来。

一天，库尔特瓦正在实验室专心致志地工作，一只调皮的猫把盛着浓硫酸的瓶子碰倒了。浓硫酸正巧倒进盛着浸过海草灰的水瓶子里，两种液体混合后，立即升起一股紫色的蒸气，散发出一种难闻的气味。

库尔特瓦感到好奇，这紫色的蒸气是什么呢？库尔特瓦拿起一个玻璃罩罩在蒸气上面，更为惊奇的事情出现了：蒸气凝结后，没有变成水珠，而是变成了晶体，并且像金属一样闪烁着紫黑色的光彩。

这个意外的发现，引起库尔特瓦更大的兴趣。他立即进行化验、分析，终于发现，这紫色的结晶体是一种新的元素，后来他将其命名为"碘"，其希腊文原意就是"紫色"。

黑格尔曾说过：世间最可怜的、最没出息的人，就是那些没有自己的主张、不能深入探索的人。要想在事业上有所突破，取得不俗的成就，就得善于发现创造新事物。只有这样，才能脱颖而出，做别人想不到、做不到的事，取得别人达不到的成绩。

有胆略、有创造精神的人的可贵之处在于，从不跟风、模仿，而是积极地探寻更加便捷和理想的途径，凡事独辟蹊径，以奇制胜，用自己独到的眼光去想别人所未想、做别人所未做的事情。

尼采说："不断阅读、不断思考的人会为见到或听到的新思想、新理论而感到困惑和彷徨吗？恰恰相反，正是不断认识的这些新思想和新理论紧密地融合在一起才使我们能更好地理解它们，从而认识新世界。比如，我们对繁星位置新意义的理解。"在尼采看来，一个人要发展自己不能离开现实，也不能脱离现有的基础，更不能离经叛道，最有效的方法是在现有的基础上深入地充实自己，这就要求自己善于发现、善于借鉴、善于推陈出新。在这方面，尼采也为人们做出了榜样，他在《理性的良知》中说："也许有许多东西是有一些好处的，可是我们是无论如何看不到的，谁能看到墙那面的东西呢？"他这段话的意思是说，虽然我们现在还看不到它，但经过努力我们迟早会看到的，而这需要我们不断充实和发展。

永不满足，不断探索新知识面对新的形势，每个人都应有与时俱进的紧迫感，如果思想总是停留在已有的基础上，不能有创造性的想法及做法，就缺少竞争力，进而影响我们的生存。假如我们现在已是一个十分优秀的人，那么，更有必要百尺竿头更进一步。

用灵活的心智去开创未来

> 盲目地一味勤奋的确能创造财富和荣耀，不过，许多高尚优雅的器官也同时被这唯其能创造财富和荣耀的美德给剥夺了。
>
> ——尼采

尼采在《漂泊者及其影子》中说："不断学习对有知识积累并受过高等教育的人而言不会感到很无聊，因为他们对事物的兴趣会越来越多、越来越强烈。即使是他们从别人那里听来的或看到的，他们也会从普通的事物中找到意义，来填补空白的思考。"换句话说，这些人每天都沉浸在有趣的难题中，以此获取知识，充实生活，对他们来说，世界永远都不无聊，而且生活充满了探索与发展，这是让人兴奋的事。

如今的海尔公司已是全球知名的大公司，而之所以能取得当今的成就，就得益于当年在开拓海外市场时，他们并没有一味地依照国内的老方法，而是依靠新理念，广开思路，依据市场需求开发自己的产品。

比如：海尔公司在美国经销其产品时，针对当地的学生用户，专门请了美国当地人来设计电器。美国的学生大多是租房子住，而在美国的很多地方，特别是在纽约，房价寸土寸金。所以，学生们租的房子都非常小。海尔根据这个特点，把冰箱台面创新地设计成一个小桌子，从而节约了很大一部分空间。后来，他们又把小桌子改装成折叠台面，可以把电脑放在上面，这种设计迎合了学生的需求，特别受学生欢迎，也由此打开了美国市场。

实践中，每一次工作有所突破的背后，都有超前创意的推动，它是解决问题的"加速器"。事实上，只要擅长创意思考，任何人都可创造出不凡的业绩。

许多时候，换个角度考虑工作中遇到的问题，新的创意就会产生，情况就会改观。所以我们的思维要活跃起来！当原来的路走不通时，要学会放下思维定势，另辟蹊径。

美国学者史蒂芬·柯维把思维定势比做一份地图。我们都知道，地图不代表地域，只是对地域的某些方面进行说明。思维定势就是这样，它是关于某种事物的理论、诠释或模型，是由每个人的成长背景、经验及选择打造而成，我们会透过它来窥视万事万物，进而影响到我们的态度和行为。

柯维进一步指出，每个人脑中都有很多地图，这些地图可以分成两大类：一类是依据世界本来面目绘制的地图，反映现实情况；另一类是依据思维定势绘制的地图，反映个人价值观。我们用这些地图来诠释所有的经验，从来都不怀疑地图的正确性，甚至意识不到它们的存在。我们理所当然地假定自己的所见所闻就是真实的世界。

符合世界本来面目的"地图"，有利于我们迅速地处理日常事务，解决一般性问题。但是，当我们面临新情况、新问题，这些陈年老图就不管用了，你需要利用你已经掌握的现有知识去融会贯通，找出新的解决方案。因此，当不合时宜的思维"地图"已经失效时，你就不能墨守成规，而是要去探寻新路。为此，收集信息不仅是解决问题的第一个步骤，也能起到极为关键的作用。比如，当各种方法都尝试过，但问题仍是得不到解决时，最好的办法就是再问问自己，原来收集的信息够全面吗？有没有被漏掉的信息？

解决之道，很可能就藏在被你忽略的信息中。

收集信息的过程，也是开拓思路、进行有效筛选的过程。想激发创意灵感，其中的一个方法，就是对已经掌握的各种信息进行排列、重组、比较、联想、质疑等。

有价值的信息意味着你的思路会被拓展得更宽。与其冥思苦想，不如去收集新的信息。比如：导致问题出现的原因，是否都已经找到了？之前有无解决此问题的办法，对问题的现状是否已经全面了解？已经掌握的信息是否真实、可靠？接下来，将所有收集起来的信息归纳一下，你就会发现有些信息还是有所欠缺，也许这些欠缺正是阻碍你解决问题的症结。

尼采曾形象地把习惯比做一条"心灵路径"。我们的行动已经在这条路径上旅行多时，每经过它一次，就会使这条路变得更加平坦。人总是会选择最没有阻碍的路线来行进——走上很多人走过的道路。若要除掉旧习惯，最好的方法就是培养新习惯，来对抗或取代不良的旧习惯。每一次你走过新的"心灵路径"，都会使这条道路变得更坦、更宽，也会使它在以后更容易行走，从而更容易引导你走向成功。

不蜕皮的蛇只有死路一条

蛇如果不选择蜕皮，只有死路一条。人类何尝不是如此呢？因循守旧、故步自封，我们不但得不到成长，还会内心死亡，因此，要想"蜕皮"，我们就要让思想先进行新陈代谢。

——尼采

在尼采看来，一个人，思想永不更新，只有死路一条。在瞬息万变的当今社会，真正的危险不是知识和经验的不足，而是故步自封，跟不上时代的步伐。所以他说："蛇如果不选择蜕皮，只有死路一条．人类何尝不是如此呢？因循守旧、故步自封，我们不但得不到成长，还会内心死亡，因此，要想'蜕皮'，我们就要让思想先进行新陈代谢。"

有人说，世界就如同一个棋盘，而人就像一个"卒"，冲过"楚河汉界"之后，方可横冲直撞，实现自己的人生价值。每个人都被一个无形的界限约束着、限制着。有的人不敢突破界限，只是规规矩矩在界内生活、工作，最终也只是碌碌无为、平庸一生。而有的人却敢于突破界限，摆脱那些束缚，因而他们也欣赏到了界外不一样的风景，领略了界外不一样的精彩，活出了非同寻常的精彩人生。

一个人要想成功，勇气、努力都必不可少，但更重要的是，人生路上要懂得与时俱进，要懂得不断收集各种资讯，使自己对环境和追求的事业的方向有更充分的了解。因为一个人只有了解得越多，才越有应变的能力。

美国科普作家阿西莫夫曾经讲过一个关于自己的故事。

阿西莫夫从小就聪明，年轻时多次参加"智商测试"，得分总在160左右，属于"天赋极高者"之列，他一直为此而扬扬得意。有一次，他遇到一位汽车修理工，是他的老熟人。修理工对阿西莫夫说："人们都说博士聪明！今天我也来测测博士的智商，看你能不能回答出我的思考题。"

阿西莫夫点头同意。修理工便开始说题："有一位既聋又哑的人，来到五金商店，准备买一些钉子，不能说话的他只好用做手势来表达自己的意思。他对售货员做了这样一个手势：左手两个指头立在柜台上，右手握成拳头做出敲击的样子。售货员见状，先给他拿来一把锤子，聋哑人摇摇头，指了指立着的那两根指头，于是售货员就明白了，聋哑人想买的是钉子。聋哑人买好钉子，刚走出商店，接着进来一位盲人。这位盲人想买一把剪刀，请问：盲人将会怎样做？"

阿西莫夫顺口答道："盲人肯定会这样。"说着他进行了一些示范。他伸出食指和中指，做出剪刀的形状。修理工一听笑了："哈哈，你答错了吧。盲人想买剪刀，只需要开口说'我买剪刀'就行了，他干吗要做手势呀？"

智商160的阿西莫夫，这时不得不承认自己确实是个"笨蛋"。而那位汽车修理工人却得理不饶人，用教训的口吻说："在考你之前，我就料定你肯定你要答错，因为，你所受的教育太多了，不可能很聪明。"

实际上，修理工所说的受教育多与不可能聪明之间关系，并不是因为学的知识多了人反而变笨了，而是因为人的知识和经验多，会在头脑中形成较多的思维定势。这种思维定势会束缚人的思维，使思维按照固有的路径展开。

后来阿西莫夫说："固定的思维方式容易把人的思维引入歧途，也会给生活与事业带来消极影响。要改变这种思维定式，需要随着形势的发展不断调整、改变自己的行动。任何一个有成就的人，都是战胜常规思维的高手。"

一个人要想拥有别样的人生，就要冲破思维界限，继而发挥充沛的想象力和创新能力。的确，这个世界上没有任何事是一成不变的，生命在不断向前，我们的生活也是如此。因此，我们的思维也需要做到与时俱进。有时候，可能你觉得自己已经进入了死胡同，但事实上，这只是你没有找到出路而已，而改变事物的现状就是运用思维的力量，思路一变方法自来，人的思维就是这样奇妙。横切苹果，你就能够看到美丽的星星。生活中，只要我们开发大脑，运用想象力，跳出思维的框框，就能发现思维的另一个高度，就会得出异乎寻常的答案。总之，人是善于思考的，处于竞争激烈、变化多端的社会中，当我们一旦发现自己的定位与现实不合拍的时候，调整步伐才是最明智的选择。

成功者在大多数人之外

> 许多事例证明，别人给予你的意见和评价，往往不是正确的。
>
> ——尼采

在尼采的哲学里，成功者在大多数人之外。我们渴望成功，但最终成功的往往是那些走"小道"的人。人云亦云、混迹于人群中的人即使有天赋，最终也只会泯然众人。如果你希望获得成功，就要有与众不同的思维，要走与众不同的路，当你认为自己选择的路正确时，请坚持你的选择，别太看重别人的怀疑和反对的态度，坚持自我，你会有更大的突破。

我们不难发现，那些真正的成功者多半都是特立独行的，在追求成功的道路上，他们也听到了来自各方的反对的声音，但他们始终坚持自己的信念，这才使他们有了更大的成功。

音乐家贝多芬在拉小提琴时，他宁可拉自己的曲子，也不愿做技巧上的变动，为此，他的老师曾断言他绝不可能在音乐这条道路上有什么成就；20世纪最伟大的科学家爱因斯坦4岁时才会说话，7岁才会认字。老师给他的评语是"反应迟钝，不合群，满脑袋不切实际的幻想"；大文豪托尔斯泰读大学时因成绩太差而被劝退学。老师认为他"既没读书的头脑，又缺乏学习的兴趣"。如果以上诸位成功人士不是走自己的路，而是被别人的评论所左右，那他们就不会取得举世瞩目的成就。

我们再来看下面一个故事。

曾经有个叫理查德·何塞的哈佛学生，他的名字经常被教授们提起。

理查德是哈佛毕业的高才生，但令人感到惊讶的是，他并没有和其他毕业生一样就职于某家大企业或者成为某一行业的技术骨干，而是成为了一个出类拔萃的油漆匠。

理查德的父亲是一位手艺很好的油漆匠，年轻的时候，他移民来到洛杉矶，起初他们的生活过得很辛苦，他父亲正是凭借着一手好手艺在洛杉矶站住了脚。

理查德是个懂事的孩子，在他很小的时候，为了减轻父亲的工作压力，他常常都会帮父亲干一些油漆活。几年下来，他不但掌握了父亲所有的手艺，还在很多方面都有所创新，这让他的父亲感到很诧异。

理查德在读书方面也表现出了与众不同的天赋，他在学校的成绩一直是前三名，他在社区服务的记录一直是最好的，而且，他还获得过全美中学生美术展油画铜奖，这就使得他轻而易举地被哈佛大学录取了。

在哈佛读本科的四年，理查德虽然成绩一直名列前茅，但他似乎一直忘不了油漆工作，他觉得自己只有在涂油漆的过程中，才是快乐的。因此，一到周末，他就赶紧回家，然后摆弄油漆。

大学毕业，他坚持不继续深造，而是在洛杉矶找了一份不错的工作。

理查德在工作中也一直很努力，为此，老板嘉奖了他很多次，但他就是忘不了油漆。一次，当老板问及他对公司有什么建设性意见时，理查德不假思索地说："公司经常要把一些零部件拿到外面去油漆，这样浪费了成本不说，每次油漆的质量也不怎么样，如果公司能成立这样一个专门的油漆部门，那么，这个问题便能得到很好地解决。"

老板笑着说："这简直太难了吧，买设备倒是小事，但我们去哪找那些优秀的油漆工呢？"

理查德说："用不着招了，你面前就有一个。"

紧接着，理查德说明了自己的想法，以及自己过去的经历。他还说，自己想招收一些年轻人，由自己亲手培训。这个想法打动了老板，于是，老板当即决定，成立油漆部，由理查德任经理兼技师。

回家后，理查德兴冲冲地告诉父亲自己得到提升了。听完儿子的话，老父亲半天没说出话来，他当然反对儿子这么做，但他也知道，自己是阻止不了儿子的。

而事实证明，理查德是对的。经过几年的经营，他的油漆部发展得越来越好，连白宫有些用品都指定在这里加工。

为什么理查德的故事在哈佛大学被广为传诵？因为哈佛希望学生们能明白，一个人，只有走自己的路，坚持自己的想法，才能真正走出一条与众不同的康庄大道。这个故事的主人公之所以能摘取到成功的果实，就是因为他能坚持听自己内心真正的声音。

其实，每一个人都应该明白，要想成功，就要走自己的路，你不必过于在意别人的看法。用心思考，你会发现，任何一个成功的故事无不来自于一个伟大的想法，而人活着，也并不是因为千篇一律而有所价值，那些伟人，都是拥有自己独特的思想，并坚持走自己的路的人。

Part3 尼采谈苦难
——让自己成为太阳

尼采说："我是太阳。"很多人因此断定，尼采是个狂人。其实尼采主张的是"超人哲学"，唯意志主义是尼采追求的理想目标和人生境界。我们知道，人生总要面临各种挫折，遭遇这样那样的失败，要追求的理想目标和人生境界，必须克服人生的困难，这时，人性的光辉才会像人性一样闪耀。

谁说你一辈子只能这样了

> 何必妄自菲薄,只要你改变活法,你就能改变现状、成就理想。
>
> ——尼采

尼采说:"哪怕你一事无成,你也要尊敬自己,因为它具有改变现状的力量。何必妄自菲薄,只要你改变活法,你就能改变现状、成就理想。因此,让人生精彩的第一步就是尊敬自己。"尼采的这句话的含义是,想法对人生极其重要,它决定着我们的活法,也决定着我们的成败得失。一个人,只有尊敬自己,才能看到自己的能量,也才会有追逐梦想的激情,也才能最终化渺小为伟大,化平庸为神奇。因此,我们若想改变现状、获得成功,就要相信自己的力量。伟大而卓越的人,之所以能够永无止境地创造和超越卓越,就在于他们拒绝接受平庸。

推销大师吉拉德的成功,也是源于他相信自己能成功的信念。

从小,吉拉德的父亲就给他灌输一种消极的思想——"你永远不会有出息,你只能是个失败者。"这些思想令他害怕。

而吉拉德的母亲却相反,她给他灌输的是一种积极的思想:对自己有信心,你绝对会成功的,只要你想成为什么,你就能做到。从父母那里,吉拉德时时受到两种相反的力量,这两种力量一方面令他害怕,另一方面也让他产生信心。最终,母亲传输给他的这种思想获得胜利,这就是他能实现自己的梦想的原因。

小的时候,推销大师吉拉德成天沿街卖报,在酒吧里替人擦鞋,还做过洗碗工、送货员等。长大后,他作过电炉装配工和住宅建筑承包商,并曾经换过许多工作,但没有一个能做出成绩的。也就是说,35岁以前,他是个彻底的失败者。

后来,有朋友介绍吉拉德去一家经销汽车的公司,推销经理哈雷先生起初并不想录用他。

"你曾经推销过汽车吗?"他问道。

"没有。"

"为什么你觉得自己能够胜任?"

"我推销过其他东西——报纸、鞋油、房屋、食品,但人们真正买的是我,我推销自己,哈雷先生。"

吉拉德已经重建了足够的信心,他并不在意自己已经35岁,也不在乎人们所认为的推销是年轻人干的这个观念。

哈雷笑笑说:"现在正是严冬,是销售淡季,假如我雇用你,我会受到其他推销员的责难,再说也没有足够的暖气房间给你用。"

生存的威胁已经使吉拉德变得更加坚强。"哈雷先生,假如你不雇用我,你将犯下一生最大的错误。我不要暖气房间,我只要一张桌子,两个月内将打破你最佳推销员的记录。"吉拉德信心十足,但实际上他并没有把握。

于是哈雷先生在楼上的角落给吉拉德安排了一张满是灰尘的桌子和一部电话。就这样,吉拉德开始了自己新的事业。

哈雷先生无法相信,在两个月内,吉拉德真的实现了自己许下的诺言,他打破了公司中其他推销员的业绩,还偿还了10万美元的债务,同时也买回了自尊!

林肯说过,"喷泉的高度不会超过它的源头,一个人的成就不会超过他的信念。"吉拉德的推销故事也再一次验证了尼采的观点——内心不渴望的东西,它永远不可能靠近自己。你必须得具有渴望成功的愿望,这一点非常重要。信心能使人产生勇气。假使我们对自己都没有信心,世界上还有谁会对我们有信心呢?哲人说得好,你听到的并不一定完全正确,也不要因为他人的议论而妄自菲薄,否则就会陷入自卑的"心灵监狱"。的确,我们发现,总是有一些人,他们除了拿自己的缺点与别人的优点相比外,他们还喜欢听那些不该信的话,然后,他们便看不清真正的自己,埋藏了自己的潜力,最终,他们变得自卑不堪。现代社会的人们,如果你想活出一个不平凡的人生，如果你想成为一个成功的人，那么，从现在起，就尽早摆脱那个妄自菲薄的自己吧。

每个成功都有个简单的开始

> 生活中的人们，如果想获得成功，就要勇敢地冒险，勇于尝试，这样，你就有了做成功者的机会。胆量是使人从优秀到卓越的最关键的一步。
>
> ——尼采

"成事开头难，但再简单的开头，若不开始，便不会有进展。"这句话的含义是，做任何事情，我们都要迈出第一步，有开始，才有发展的可能。我们的生活中，很多人渴望得到成功，渴望开创自己的事业，但每每考虑到会有失败的可能，他们就退缩了。因为他们怕被扣上愚昧的帽子，遇到别人取笑；他们不敢爱，因为害怕要冒不被爱的风险；他们不敢尝试，因为要冒着失败的风险；他们不敢希望什么，因为他们怕失望……这种可能会遇到的风险，让他们畏首畏尾，举步维艰，他们茫然四顾，不知道自己的出路在何方，殊不知，如果你连第一步都不敢开始的话，你永远不可能看到追求人生目标的路上的风景。

尼采曾经非常怕水。他看着朋友们在水中嬉戏，又羡慕又无奈，他觉得自己是个懦夫，朋友们笑着怂恿他："不要因为怕水，你就永远不去游泳。"

有一天，朋友邀请尼采一起去泡温泉，这一次他鼓足勇气下水了。尼采发现自己没想象中那么无能，但他还是不敢游到水深的地方。

"试试看，"朋友和蔼地对他说，"让自己没到水下，看会不会沉下去！"

于是，尼采试了一下。朋友说得没错，在意识清明的状态下，想要沉下去，摸到池底还真的不可能。这真是奇妙的体验！

"看，你根本淹不死、沉不下去，为什么要害怕呢？"

尼采上了这样一课，若有所悟。从那天起，他不再怕水。

和尼采一样，如果你也敢于跨出第一步，那么，你会发现，其实事情没有你想象中的那么难。美国著名拳击教练达马托曾经说过："英雄和懦夫同样会感到畏惧，只是英雄对畏惧的反应不同而已。"我们不得不承认的是，有时候，不愿尝试的原因是不愿打破现状。哲人说，自己是最大的敌人，人有时最难突破的，就是自身的局限性。这就是为什么我们会发现那些处于困境中的人最终会取得比那些已经取得温饱的人更有作为。想迈开脚步大干一场，又不舍得抛开自己现有的温饱的保障，如此瞻前顾后，必定无所作为。

据社会学专家预测，未来的社会将变成一个复杂的、充满不确定性的高风险社会，如果人类自由行动的能力总在不断增强的话，那么不确定性也会不断增大。你应该意识到，各种变化已经在我们身边悄然出现，勇敢地投身于其中的人也越来越多了，而如果你不赶紧积极行动起来，如果一直缺乏竞争意识、忧患意识，安于现状、不思进取，如果你还没被惊醒的话，就会被时代所抛弃，被那些敢于冒险的人远远甩在后面。敢于第一、充满冒险精神，是每个成功人士给我们的启示。

我们需要记住的是，在这个时代，墨守成规，缺乏勇气的人，迟早会被时代所抛弃。处处求稳，时时都给自己留有退路，这是一种看似稳妥却充满潜在危机的生存方式。

不是逐一克服，就是半途而废

> 开始执行计划之后，各种障碍、绊脚石、愤恨、幻灭便会出现在你眼前。你只有两种选择：逐一克服，或是半途而废。
>
> ——尼采

尼采说："计划总是赶不上变化，得灵活变通，不要半途而废。"尼采这句话是要告诉我们,要在享受的过程中实现计划。

生活中,我们大部分人都有自己的计划,但成功者少、失败平庸者多,差别主要是心态不同。遇到困难,大多人是挑选容易的倒退之路,"我不行了,我还是退缩吧",结果陷入失败的深渊。成功者遇到困难,他们能心平气和,并告诉自己"我要!我能!""一定有办法"。

的确,打拼的过程中,谁都会遇到难题,只有开发大脑,能做到运筹帷幄,才能解决现下的难题。尼采在《快乐的知识》中曾说:"在难题面前,任何人都可能会产生一些焦躁的情绪,但焦躁对于事情的解决毫无帮助。"的确,我们只有静下心来,才能冷静地思考解决的方法。

美国人克里斯托弗·里夫因在电影《超人》中扮演超人而一举成名,但谁能料到,一场大祸会从天而降呢?

1995年5月27日,里夫在弗吉尼亚一个马术比赛中发生了意外事故,头部着地,第一及第二颈椎全部折断。5天后,当里夫醒来时,医生说不能够确保里夫能够活着离开手术室。

手术后的那段日子,里夫万念俱灰,许多次他甚至想轻生。出院后,为了平缓他肉体和精神上的伤痛,家人便推着轮椅上的他外出旅行。

有一次,他的家人开着小车带他出去游玩,车子在蜿蜒的盘山公路上行走,他望着窗外,什么都没想,但他的眼神突然发生了变化。他发现，每当车子行驶到无路的关头，路边都会出现一块交通指示牌，"前方转弯！"或"注意！急转弯！"这些警示文字就会赫然出现在他的眼前。而只要车子拐过这一道弯，前方就会出现豁然开朗的一道风景。"前方转弯"几个大字一次次地冲击着他的眼球，也渐渐叩醒了他的心扉。原来，不是路已到了尽头，而是该转弯了。他豁然开朗，于是，他对家人大喊一声："我要回去，我还有路要走。"

从此，他彻底改变了以往颓废的生活，他以轮椅代步，当起了导演，他第一部执导的影片就荣获了金球奖；他尝试着用嘴咬着笔写字，他的第一部书《依然是我》一问世就进入了畅销书排行榜。与此同时，他创立了一所瘫痪病人教育资源中心，并当选为全身瘫痪协会理事长。他还四处奔走，举办演唱会，为残障人的福利事业筹募善款，成为了一个著名的社会活动家。

后来，美国《时代周刊》报道了克里斯托弗·里夫的事迹。在这篇文章中，他回顾了自己的心路历程，他说："以前，我一直以为自己只能做一位演员，没想到今生我还能做导演、当作家，并成了一名慈善大使。原来，不幸降临的时候，并不是路已到了尽头，而是在提醒你：该转弯了。"

一次偶然的事件，让原本几乎绝望的克里斯托弗·里夫重新选择了一条人生的路。在这条路上，他同样取得了成功。在面对身体上的巨大折磨时，和克里斯托弗·里夫一样，可能很多人都会有轻生的念头，但是，请想一下，如果选择了真正的绝望，向所谓的命运妥协了，那么，你就真的彻底失败了；而如果你选择另外一种心态，即使只有微乎其微的机会，也有可能赢得成功。克里斯托弗·里夫的事迹告诉我们，只要能活下来，就是一种幸福。我们应该学会珍惜当下，以这样的心态面对人生困境，还有什么值得我们苦恼的呢？

我们每个人在人生路上都有可能遇到一些难题，它会阻碍我们前进，甚至让我们心灰意冷，但请一定要记住，明天还未来到，昨天已经过去，珍重今天，调整好心态，才能真正把握大局，才能找到前方前进的路！

每个动作都在写就自己的历史

> 任何成功都源于改变自己，你只有不断地剥落自己身上守旧的缺点，才能做到敢为人先，才能抓住第一个机会，才能实现自己的进步、成长。
>
> ——尼采

尼采说："每个人在创造着属于自己的历史，你今天做了什么，又是怎样做的，都会被记载在你的历史中。那么，你是碌碌无为、安于现状，还是勇敢向前、每天都比昨天进步？要记在，你的任何一种态度都会影响乃至改变你的历史。"在尼采看来，我们每个人都可以写就自己的历史，只要我们拥有积极向上的、奋斗的心，只要我们比昨天进步一点。现代社会中的人们，如果你想活出一个不平凡的人生，如果你想成为一个成功的人，那么，从现在起，就尽早告诉自己，一定要有一番作为。一个连想都不敢想的人又怎么会成功呢？

美国钢铁大王卡耐基，少年时从英格兰移民到美国，当时真是穷透了，正是"我一定要成为大富豪！"这样的信念，使得他于19世纪末在钢铁行业大显身手，而后涉足铁路、石油，成为商界巨富。洛克菲勒、摩根也都是满怀欲望，并以欲望为原动力，成为资本主义初期美国经济的胜利者。

的确，生活中，不少人也满怀理想，但一旦把自己的理想和现实联系起来的时候，他们就退却了，就认为不可能，而这种"不可能"一旦驻扎在心头，就无时无刻不在侵蚀着意志和理想，许多本来能被把握的机遇也便在这"不可能"中悄然逝去。其实，这些"不可能"大多是人们的一种想象，只要你拿出勇气主动出击，那些"不可能"就会变成"可能"。

有位名不见经传的年轻人，第一次参加马拉松比赛就获得了冠军，而且还打破了世界纪录。

当他冲过终点时，记者蜂拥而上，不断地追问："你这么会取得这么好的成绩？"

年轻人气喘吁吁地回答："因为我的身后有一匹狼。"

所有的人听后都惊恐地回头张望，但并没看到他身后有什么可怕的东西。年轻人继续说："三年前，我在一座山林间训练长跑，每天凌晨教练喊我起床练习，虽然我用尽全力，却总是没有进步。

"有一天清晨，在训练途中，我忽然听到身后传来狼的叫声，刚开始声音很遥远，可是没几秒钟就已经来到我的身后。当时我吓得不敢回头，只知道拼命奔跑逃命。结果，那天我的速度居然是最快的。"

年轻人顿了顿，又说："回来后，教练跟我说：'原来不是你不行，而是你身后少了一匹狼！'我这才知道，原来根本没有狼，是教练伪装出来的。从那以后，只要训练时，我就想着自己身后有一匹狼正在追赶，包括今天的比赛，那匹狼仍然在追赶着我，我必须战胜它！"

我们都和这位年轻人一样，有着自己的人生目标。可是，我们的身后有"狼"吗？如果在人生路上过于安逸，那么，我们注定平淡、碌碌无为。

在我们的日常生活和工作中，常常用视野比喻人的眼界开阔程度、眼光敏锐程度、观察与思考的深刻程度等。可以说，视野是不是开阔，是衡量人的综合素质的重要标尺，而视野开阔与否，取决于对知识掌握多少，取决于思想理论水平的高低。常言道，学然后知不足。勤于学习的人，越学越能发现自己的不足，于是想方设法充实自己、提高自己，学到更多的东西，视野会随之越来越开阔。

尼采说："任何人想要解决问题，必须在他的思想中超越问题。这样，问题就不会显得令人畏惧，而且他会产生更大的信心，深信自己有能力去解决它。"一个人进行尝试时，你难免会产生一种"不可能"的念头，比如，认为自己不能解决某道被人认为很有难度的数学题，但你必须从心理上超越自己，才能取得成功。

有希望和期盼，就会发生奇迹

在人的一生中，最重要的财富不是名利，也不是地位，而是那像火焰一般燃烧着的希望。

——尼采

鳏寡孤独往往会不思进取，只会坐吃山空，最后在贫困交加中老去。有儿有女的人，常常是勤劳不止，家业富硕，老有所依。从某种角度看，子女是人的希望，所以两种人活出的是不同的景象。

有没有希望，决定了人生活的状态。尼采说过这样一句话："人是靠希望活着的，当旧的希望变成现实、或者消失了，就会有新的希望继续燃烧起来，如果一个人在生活中没有新陈代谢的希望存在，他的生命实际上也就失去任何意义了。"是的，只要心存希望，就会发生奇迹，就算希望茫茫无期，它也能让人的信念永存。眼里充满希望是一种积极的心态，这是成功的源头。假如一个人心死了，他也就失去了博取成功的动力。一旦有了希望，人生才会有目标，才可以在它的指引下，坚持不懈，直到获得成功。

每天给自己一个希望，也就是给自己一个目标、一点信心、一点战胜自我的勇气。这就是尼采的哲学。

亚历山大在远征波斯之前，将所有的财产分给了部下，其中有个大臣惊讶地问道："陛下，你不带点什么吗?"

"我带了希望，我只带希望这个财宝。"亚历山大回答说。

是的，希望是一种宝贵的财富，在顺境中，他让你更有激情；在逆境中，他是你坚持下去的理由，人生因为有了希望而变得更有意义、更快乐。希望是成功的催化剂，是一种对未来的憧憬，是人生的活力之源。没有希望，人生就会像没有盐的饭菜一样，索然无味。正如尼采在《人性的，太人性的》中所说的那样："在人的一生中，最重要的财富不是名利，也不是地位，而是那像火焰一般燃烧着的希望。"

有师徒两人都是盲人,以弹弦说书谋生。

徒弟整天唉声叹气,觉得自己一无是处,甚至失去了生活的勇气,无法学好手艺。

不久,师傅得了重病,临终前他对徒弟说:"有一张复明的药方,我把它藏在你的琴槽中,你弹断1000根时,你就能取出那个药方。但你记住,你必须是用心地弹断每一根琴弦,否则,药方就没有效果。"说完,师傅就咽了气。

复明的药方?徒弟似乎看到了复明的希望,于是他牢记师傅的遗言,一直带着复明的希望努力地弹弦。

就这样,30年过去了,徒弟近50岁了,在他弹断第1000根琴弦后,他从琴槽中抠出药方。当他满怀期望地等着取回复明的灵药时,伙计告诉他,纸上什么也没有,那张药方只是一张白纸而已。

这时,徒弟明白了师傅的用心,原来,弹断1000根琴弦,他也就学到了手艺,有了手艺他就有了生存的工具。

不是吗?因为徒弟努力地说书弹弦,此刻他已经成了知名艺人,受到了很多人的尊敬。

徒弟因为眼盲而对生活悲观失望,甚至失去活下去的勇气,是师傅给了他希望。可以说,正是这个希望才让他成为知名艺人。

只要满怀希望,很难说世上有什么做不成的事,因为昨天的希望,就是你明天的现实。人活在世上,没有希望,就像没有阳光、空气、水和食物一样。那么,希望到底是什么?希望是一张期盼,是生活中幽暗角落里的最耀眼的阳光,是一直守候在你身边的信念,有了它,就有了生活的方向和动力。

永不畏惧,永不放弃

> 受苦的人,没有悲观的权利。一个受苦的人,如果悲观了,就没有了面对现实的勇气,没有了与苦难抗争的力量,结果是他将受到更大的苦。
>
> ——尼采

尼采的一句名言"一声断喝——上帝死了"是对上帝的无情无畏的批判。他借狂人之口说,自己是杀死上帝的凶手,指出上帝是该杀的。基督教伦理约束人的心灵,使人的本能受到压抑,要使人获得自由,必须杀死上帝。可见,尼采在面对尘世时有一颗永不畏惧的心。

在追求成功与开创事业的时候,几乎每个人都不可避免地要遇到失败。那么失败可怕吗?你害怕失败吗?如果我们害怕失败，那么将一事无成。因为，失败的经历并非都是坏事，也许正如尼采所说："对于我们来说，最大的荣幸就是每个人都有过失意的日子。而且，都能从跌倒的地方爬起来。"大发明家爱迪生曾经说："在困难面前，只有放弃的人才是真正的失败者。"

通常人们被困难击倒的主要原因之一，就是他们自己认为无法抵挡困难，会被困难打败。

这就像拳击手上台后发现对手比自己高大强壮就吓晕了一样——你不是被对手击倒的，而是自己把自己打败了！因此我们应该勇敢地向前冲。不去试，你怎么知道会失败？就算失败了又怎么样？

《世界上最伟大的推销员》作者奥格·曼狄诺说：无论我尝试了多少次，无论我在选定的事业中多么坚忍不拔、表现出色，无论我将付出多么大的代价，挫折与失败还会日复一日、年复一年地如影随形。我们每个人，即使是最刚毅、最具英雄气概的人，一生中的大部分时间都是在失败的恐惧中度过的。

印度的克里士纳说过这样的话："人的幸福结局，并非是平淡、安稳的喜乐，而是轰轰烈烈地与不幸奋斗。"

美国人认为，机会这种东西，在人生的任何阶段皆可抓住，就算一个人到60岁时依然穷困潦倒，只要他还有勇气，就有"重获新生"的机会。

随着美国社会老龄化加剧，60岁以上才开始创业的老年妇女也越来越多。并且，许多人并不是为生活所迫才选择发奋，而是厌倦了从前一成不变的人生，她们希望在接下来的岁月里，生命能够过得更加精彩一些。

美国老太太们的这一决定，往往使那饱经岁月洗礼的身姿显得更加气质非凡。63岁的莉斯女士在目睹九一一事件发生后，突然发现自己完全不想再从事销售香皂和麦片的工作，她决定，在接下来的人生里一定要做一些更有意义的事情。或许有人不相信，莉斯女士此前的工作，每年的薪资高达六位数，而她就因为一场突如其来的灾变，完全放弃了这种优裕的生活。

或许，这种毫不畏惧岁月、一心向往新生活的勇气，正是莉斯女士的魅力所在。放弃原先的生活后，她重新回到了大学，攻读工商管理学位，并决定学成之后，开创一家自己喜欢的公司。

心理学先驱艾尔费烈德·艾德勒说："你愈不把失败当作一回事，失败愈不能把你怎么样；只要能保持个人心态的平衡，成功的可能性就愈大。"这是个很有力的建议：连失败都有正面的价值，说不定它还是上帝给予我们的奖赏呢。

尼采说："我刚刚步入上流社会时所遭受的打击，正是我后来事业成功的基础。"他指出，失败可以毁灭一个人，但也能够成就一个人。对一个意志坚定的人来说，失败恰好提供他最需要的意志。就是因为失败的刺激，才把他推向成功。

人们遇到挫折时，会采取各种各样的态度。综合起来，有两种不同的态度,一种是对挫折采取积极进取的态度即理智的态度,这时的挫折激励人追求成功;另一种是采取消极防范的办法即非理智的表现,这时的挫折使人放弃目标,甚至造成伤害。

人的一生实际上是在进行一场马拉松赛。人生这场马拉松赛,漫长、坎坷和艰难,需要忍耐、坚持和奋斗。要在漫漫人生路上取得成就,只能靠恒心去挺、去忍、去拼搏。无论做人做事做领导,都需要一种百折不挠的精神。古希腊哲学家苏格拉底说过:"逆境是磨炼人的最高学府。"巴尔扎克也说过:"困难对天才是块垫脚石,对能干的人是财富,对弱者才是万丈深渊。"逆境有两重性,既可毁人,又可炼人。它能使弱者消沉而自毁,亦能使强者升华而自强。对待挫折和困难,唯有永不放弃,坚持到底,才能让自己感受到胜利的喜悦。

应对人生的困境与挑战

或许我曾经埋怨过这个世界没有给自己更好的机会,但也埋怨过自己没有一个好的命运——这恰恰造就了我的今天。

——尼采

许多人曾说过这样的话:"为了成功,我尝试了不下上千次,可就是不见成效。"你相信这句话是真的吗?别说他们没有试上100次,甚至有没有10次都颇令人怀疑。或许有些人曾试过8次、9次,乃至10次,但因为不见成效,结果就放弃了再试的念头。如果你真的具有敢去尝试的心态,你就一定可以成功。这项心态法则适用于各种失败场合。尼采曾经说过:"无奈会特别吸引坚强的人。因为他只有在拥抱不舒服的人生时,才会真正认识自己。"

也许你的失败是因为你要获得成功还需要更多的东西。欧几里得的原理说:"整体的东西等于所有各部分的总和,而大于任何一部分。"这个原理可用来说明我们的问题。重要的是,你该把所有必要的部分加到整体上去。

1918年,高尔文从部队复员回家,办起了一家电池公司。可是无论他怎么卖劲折腾,产品依然打不开销路。有一天,高尔文离开厂房去吃午餐,回来只见大门上了锁,公司被查封了,高尔文甚至都不能进去取他挂在衣架上的大衣。

1926年,他又跟人合伙做起收音机生意来。当时,全美国大概只有3000台收音机,而预计两年后这一数字将提高100倍。但这些收音机都是用电池作能源的。于是他们想发明一种灯丝电源整流器来代替电池。这个想法本来不错,但产品还是打不开销路。眼看着生意一天天走下坡路，他们似乎又要停业关门了，幸好此时高尔文通过邮购销售的办法招揽了大批客户。他手里有了钱，立马就办起了专门制造整流器和交流电真空管收音机的公司。可是不出3年，高尔文依然破产了。

这时他已陷入绝境，只剩下最后一个挣扎的机会了。当时他一心想把收音机装到汽车上，但有许多技术上的困难有待克服。

到1930年底，他的制造厂账面上已净欠374万美元。在一个周末的晚上，他回到家中，妻子正等着他拿钱来买食物、交房租，可他摸遍全身只有24美元。然而，经过多年的不懈奋斗，高尔文最终取得了成功，后来他盖的豪华住宅就是用他的第一部汽车收音机的牌子命名的。

成功之路从来不会一帆风顺，有失才有得，只要我们拥有积极的心态去努力拼一拼，就不会被挫折打倒了。其实，谁都有面临困难与逆境的时候，关键是看我们怎样处理。有些人在逆境中永远消极，做一个永远的失败者；而有些人却能够积极地面对逆境，冲出重围，走向成功。

既然逆境是不能避免的，那就让我们从逆境中找到动力吧，让这股动力将我们推向成功。我们应该将逆境视为成功的预兆。就让我们永远铭记尼采的话："困难与挫折其实是上天故意安排来考验我们的，其实，它就是成功的化身。成功与失败把握在我们自己手中。"每一种挫折或不利的突变，都带着同样或较大有利的种子。最危险的时候,也就是你的爆破力发展到最大限度的时候。任何事情都是多面的,我们看到的只是其中的一个侧面。

杜克·鲁德曼是一个年过60岁的老人,他自认为他是一个遭受失败最多的人。他是一个热衷于石油的开采者,他说他一生中每打4口井,就有3口是枯井。可是他依然从逆境中走了出来,成了一个身价超过两亿美元的富翁。

杜克·鲁德曼回忆时说:"当年我被学校开除后,就跑到德克隆斯的油田找了一份工作。随着经验的逐渐丰富,我便想自己当一名独立的石油勘探者。那时候,每当我手里有钱了,我就自己租赁设备,做石油勘探。连续两年,我一共开采了将近30口井,但全部都是枯井。当时,我真的是失望极了。"杜克·鲁德曼的确陷入了困境,都要接近40岁了,他依然一无所获。但是,他不但没有被逆境难倒,反而更加勤奋努力。他开始研读各种与石油开采有关的书籍,吸取了丰富的理论知识。等理论知识掌握得非常充分的时候,他又开始卷土重来,租好设备,找好地皮,进行又一次石油开采。但是,这一次他遇到的不是枯井,而是汩汩直冒的石油。

失败不可怕,怕就怕心死了。每个人都不希望失败,但有时候失败不可避免。尼采曾经指出:"因为下面这三个原因,失败往往能够转化位成功的基石。第一,失败可以打开新的机遇大门,迎来新的人生机会;第二,失败可以给骄傲的人注入一针清醒剂；第三，失败可以使人知道什么方法是错误的，而成功又需要什么样的方法。"基于上面三个原因，我们应该知道，失败带来的逆境并非都是坏事。只要我们在逆境中找到动力，对我们获得成功是很有帮助的。

努力做一个执著的人

> 为了自己生活，我们永远应该坚守执著，也许收获有迟有早，有小有大，但我们坚守执著的本身，就是人生命的意义所在。
>
> ——尼采

在尼采看来，执著，就是一种勤勉的跋涉、淡泊的心境，一种刚硬的精神气质，一种壁立千仞、无欲则刚的节操。执著不仅仅是生存的需要，更是心灵的需要。毕竟，人活着不能没有一个东西吸引着你往前走，也不能没有为追赶上这个东西而付出奔跑。或许，我们奔跑了仍没能追上，但为了有所追求而执著，虽是艰辛的，却必然也是一种幸福。

在现实生活中那些执著专注地做事的人有许多，英国当代最有名的推销员之一彼特便是其中一个。

彼特的推销生涯，是从在一家报社当广告业务员起步的。当时，彼特从一开始便采取了与别的业务员截然不同的拉广告方式：别人总是哪儿容易拉到广告就往哪儿跑，彼特却专门给自己列了一份别人都招揽不成功的客户的名单，作为自己的业务对象。而在正式去面见这些让别人都大摇其头的客户前，彼特总是先来到报社边上的一个公园里，把名单上的那些客户的名字念上一百遍，然后这样对自己说："在本月之内，你将向我购买广告的版面！"

当然，实际的情况远不是那么轻松简单。曾有那么一个商人，不管彼特如何做工作，在第一个月里，他总是一口拒绝买彼特的广告版面。可彼特毫不气馁，在第二个月里，每天早晨那位商人的商店开门后，彼特就进去请求这位商人在自己所在的那家报纸上做广告，而每次当那位商人态度坚决地回答说"不"之后，彼特就会默默离开，第二天照样继续前去……就这样，在这个月的最后一天，那位已经接连对彼特说了60天"不"的商人，终于忍不住向彼特问道："你已经浪费整整两个月的时间来让我买你的广告版面，我很想知道的是，你究竟为什么要这样做呢？"

这时彼特回答说："不，我并没有浪费时间。在这两个月中，我等于是在上学，而你就是我的老师——你一直在训练我的执著精神。"

听了这话，那位商人不禁点了点头，然后接着彼特的话头感慨道："噢，我也得向你承认，在这两个月里，我也等于是在上学，而我的老师则是你，你已经教会了我坚持到底这一课。毫无疑问，对我来说这是比金钱更有价值的。因此，为了向你表示我的感激，我决定买你的一个广告版面，当作我付给你的学费。"

彼特就这样成功了。显然，彼特这一成功的最大也最深远的意义，便是它充分表明了执著的重要性。坚持不懈地去努力，这是一个人取得成功最基本也最可靠的保证。如果缺乏这种执著的精神，那么，我们便会被难题轻易所击垮，与成功失之交臂。

西西弗斯因为触犯了诸神，诸神罚他将巨石推到山顶，可由于地球引力，巨石总还是会滚下山去，西西弗斯不得不下山再往上推。诸神觉得没有比这种机械重复无休无止的劳动更严厉的惩罚了。尼采说："西西弗斯则乐此不疲，用每一个坚实的脚印书写自己不懈的追寻与充实的人生。这个神话故事成了执著的精神象征。"

无论你身居达官显位，还是身处平常街巷；无论你奔波于闹市通衢，还是栖身于田园山水，只有有所执著才能置常人眼中的得失、荣辱、毁誉于不顾，才能拥有笑傲人生的豁达与潇洒。执著是一场漫长的分期分批的投资，而成功则是对这场投资的一次性回报。执著于自己所爱的，追求一份成功与收获，这才是生命的价值与意义。

博弈的人才能获得成功

>你要想春风得意,首先应该会博弈。
>
>——尼采

有些人成功靠埋头苦干;有些人成功靠一时的幸运;有些人成功靠千载难逢的机会。但有些人这些条件全都具备却仍然与成功无缘,这是为什么呢?

"通往失意的路上,往往是错失了最好的时机。"这是尼采说过的一句话。当机遇降临的时候,它的身上并没有贴着机遇的标签,相反,它还往往乔装打扮,扮成不幸、挫折和困难的模样。目光短浅的人无法辨认清楚,反应迟钝的人更是捉不住它,只有目光独特的人才有可能发现机遇,并把握机遇。

伟大的棒球手泰卡普在世界棒球锦标赛中,一口气打出四个全垒打。目前他仍是这项世界纪录的保持者。后来他把那支伟大的球棒送给他的一位朋友。有一天,他朋友的朋友来做客,有幸拿起这支球棒,并以极端敬畏的心情摆出正式球赛挥棒的姿态,力图模仿世界级棒球手泰卡普,当然那种打击的样子绝对无法与泰卡普相提并论。

不出所料,另一位职业棒球联盟的队员对他说:"老兄,泰卡普可不是这种样子打球的,你太紧张了,一心想用最美的姿势打出全垒,结果一定是惨遭三振出局的命运。"

的确,看过泰卡普比赛的人都知道,泰卡普轻松自若地在场上挥棒的姿势,绝对是美不胜收的,他的人与球棒自然地结合为一体,以充满韵律的动作,诠释了从容的道理,令人震惊,那真称得上是世界上最美的舞蹈!

一位棒球队的监督曾说过这样的话:"不论选手的打击率多高、守备多强、跑垒速度多快,如果他心中存有过于强烈的紧张感,我都会考虑淘汰他。因为,若要成为大联盟的选手,本身必须有相当的能耐,每一个动作不但要正确,更要以从容轻松的心情控制肌肉的运动,这样所有的肌肉与细胞才会富有韵律与弹性,在关键时刻,才可以随心所欲地接球或挥棒。如果心里非常紧张、无法镇定下来,全身的肌肉也一定连带着随之绷紧,一旦遇到重大场面,根本无法顺利地完成应有的动作。当对方的球抛过来时,他的全部神经已经为之紧缩,又怎么能打好棒球呢?"

他的一席话不仅仅是针对运动员而言。凡是优秀的人,都能以积极而从容的心态进行工作,他们的坚定和自信会不知不觉地调动起自身最大的潜能,并与工作融为一体。当然并不是人人都有泰卡普那样的幸运和机会,但是不要忘记:消极的人等待机会,而积极的人则创造机会。

拿破仑问那些被派去探测死亡之路的工程技术人员:"从这

条路走过去可能吗？"

"也许吧。"回答是不敢肯定的，"它在可能的边缘上。"

"那么，前进！"拿破仑不理会工程人员的担心。

出发前，所有的士兵和装备都经过严格细心的检查。开口的鞋、有洞的袜子、破旧的衣服、坏了的武器，都马上进行修补和更换。一切准备就绪后部队才前进。统帅胜券在握的精神鼓舞着战士们。

战士们皮带上的闪烁光芒，出现在阿尔卑斯山高高的陡壁上，闪现在高山的云雾中。每当军队遇到意料不到困难的时候，雄壮的冲锋号就会响彻云霄。尽管在这危险的攀登中到处充满了障碍，但是他们一点不乱，也没有一个人掉队！四天之后，这支部队就突然出现在意大利平原上了。

当这"不可能"的事情完成之后，其他人才意识到，这件事其实是早就可以办到的。许多统帅都具备必要的设备、工具和强壮的士兵，但是他们缺少毅力和决心、缺少尝试的勇气和信心、缺少好的心态，而拿破仑不怕困难，在前进中精明地抓住了自己的时机。

尼采说："你要想春风得意，首先应该会博弈。"善于为自己找托辞的人把失败归罪于没有机会，但无数成功的事例告诉我们：机会掌握在自己手中。当机会到来的时候，你要果断地抓住它，只要义无反顾地遵从自己的心，勇于创造机会，从容面对挑战，你就会像那些屹立在阿尔卑斯山上的士兵一样，傲然屹立于自己的人生顶峰。

Part4 尼采谈真情
——找到幸福的秘方

不幸的童年，一生未娶；在生命的最后，他舍弃了家人的精心呵护，为了心中的崇高理想，像个苦行僧一样在风雨飘摇的世界中漂泊游荡、忍饥挨饿、沉思冥想。这就是尼采。孤独的生活成就了他深邃的思想。他对人生的情爱的理性思考，就是来自于他对孤独的人生感悟。

有真爱，就是对他宽容

> 尊敬意味着与对方之间存在一定的距离，甚至敬畏。尊敬如果存在上下级关系，就不是平等的，而爱却无上下之分，也没有悬殊的力量，爱能够包容一切。
>
> ——尼采

我们都知道，尼采终生未婚，但即使如此，"爱即宽容。爱，甚至能容下情欲。"这句话依然道明了爱人之间的相处之道。的确，人的一生中会遇到不顺心的事，会碰到不顺眼的人，婚姻和爱情生活中也是如此，如果你不学会原谅，就会活得痛苦，活得累。原谅是一种风度，是一种情怀，原谅是一种溶剂，一种相互理解的润滑油。原谅像一把伞，它会帮助你在雨季里行路。有时候，原谅对方，也就成全了自己的幸福。

加拿大境内有一条南北走向的山谷。山谷没有什么特别之处，唯一能引人注意的是，它的西坡长满各种各样的树，而东坡只有雪松。

这一奇异景观是个谜，也一直没有令人满意的结论。但最终揭开这个谜的，竟是一对夫妇。

那是一个冬天，这对夫妇的婚姻正濒于破裂的边缘。为了重新找回昔日的爱情，他们打算做一次浪漫之旅，如果能找回就继续生活，如果不能就友好分手。他们来到这个山谷的时候，天下起了大雪。他们支起帐篷，望着满天飞舞的大雪，发现由于特殊的风向，东坡的雪总比西坡的雪来得大，来得密。不一会儿，雪松上就落了厚厚的一层雪。不过当雪积到一定的程度，雪松那富有弹性的枝丫就会向下弯曲，直到雪从枝上滑落。这样反复地积，反复地弯，反复地落，雪松完好无损。可其他的树，如那些松树，因为没有这个本领，树枝被压断了。西坡由于雪小，总有些树挺了过来，所以西坡除了雪松，还有柏和女贞之类的树。

帐篷中的妻子发现了这一景观，对丈夫说："东坡肯定也长过杂树，只是不会弯曲才被大雪摧毁了。"

丈夫点头称是。少顷，两人像突然明白了什么似的，相互吻着拥抱在一起。

丈夫兴奋地说："我们揭开了一个谜：对于外界的压力要尽可能地去承受，在承受不了的时候，学会弯曲一下，像雪松一样让一步，这样就不会被压垮。"

这对夫妻的奇遇告诉我们，在婚姻爱情生活中，要学会承受，学会原谅。原谅别人就是成全自己。

尼采说："宽容是一种美德，是对犯错误的人的救赎，也是对自己心灵的升华。"在现实生活中，不要总是想着对方如何得罪了你，给你造成了多少的损失，要想想对方是不是值得你去如此发火，他是故意的，还是无心的？平日待你如何？给对方一个机会，就是给自己一个机会。对于一些人，原谅，远远要比惩罚来得有效。

爱人之间难免有碰撞、有摩擦，或许对方根本就是无意，或许对方有难言之隐，退一步天地宽，不妨试着置之一笑，给别人也给自己一次机会，也许会有意想不到的收获。而对于那些在你看来不能原谅的错误，你要相信，爱人是可以改变的。若要改变别人，需先试着改变自己。不要总是认为江山易改，本性难移。有时候，只要有信心，人是可以改变的，尤其是对于相爱的人，你要是爱着对方，就给他机会去改变。但是，要求对方的同时，也要严格要求自己，对于自己的一些为对方所不能容忍的毛病，一样要加以改正。

尼采说："爱无法用约定来控制和束缚。因为行为能够约定，但爱的感觉不行。不过，正是因为爱来自于这种感觉，才让爱成为美的化身。人们爱的，也就是这种行为本身。"尼采告诉了我们关于爱情的正确态度：相信感觉、顺其自然、不可强求。的确，爱情是世间最美好的东西。有朋友劝尼采找个女人结婚，尼采说："爱情应该是世间万物自然孕育而成，它本来是无形的，所以不能刻意地给它总结答案。"在尼采看来，爱的自然性决定了爱情首先要以宽松为基准，然后它才是快乐的。这可能就是这位哲人的爱情标准。爱情源于自然，也只有这种自然而生成的爱恋才会更持久。爱情会遁形于我们内心的深处，只有融入到我们心灵深处的爱才是最美丽的事物。所以，爱情来临时，我们不要爱得盲目，也不要爱得愚痴，要爱得轻松。境由心生，越是轻松的心情才会越快乐。而当爱情不在时，也不要过于执著，任何失去自我的爱情都失去了爱原本的意义，要试着把自己的双手慢慢地放开。把双手放开时，才明白越是自然、越是随意的情感才会让人心情放松。

建立一个家庭很不容易，靠的是一砖一瓦、一丝一缕的温暖与感情，但想摧毁它却轻而易举。一个健康的家庭关系，是需要经过一段漫长的、心心相印、风风雨雨的过程，需要双方不断自我反省和调整，更重要的是两个人有着宽容开放的心，在爱中学习爱。

可能在婚姻和爱情的磨合期中，很多的人都努力改造对方，要对方变得完美，一旦对反犯了什么错误，就把这段辛辛苦苦经营的爱情打进地狱。这是爱情痛苦的根源，但我们要知道尘世中的哪一种生活也称不上完美。不求完美，我们的心中便会多一份坦然，多一份满足，换言之，也就是多了一份幸福。

不做爱情中的自恋者

　　无论男人女人，总会站在自己的角度考虑问题，都认为自己应该一得到更多的爱，也因此，他们常常会争吵。他们总认为自己更优秀，都沉浸在一种自恋之中。

——尼采

　　尼采说："爱情里需要谦卑的心态。"尼采想要告诉我们，我们总以为自己可以得到更多，总以为现在的爱人有太多的缺点，总是高高在上、颐指气使，而正是因为这样的心态导致了接连不断的争吵，甚至让我们的感情产生危机。

　　在《人性的，太人性的》中尼采说："我们每个男人都希望找到最完美的女人，然后与其长相厮守，但完美的只有我们男人。"尼采的这句话看似有点太男子主义，对女性充满偏见，但从一定程度上也说明了人无完人的道理。即使曾经在你眼里完美无瑕的恋人，其实也有很多你可能并未发现的缺点，对此，我们的态度应该是逐渐适应和包容，而不是苛刻，更不可不知足。抱着自恋的心态，最终可能会导致我们的感情亮起红灯。

Part4　尼采谈真情——找到幸福的秘方

一名男子在经历了几年的事业打拼后，小有所成，但对自己的婚姻却产生了厌倦的情绪，却对妻子的闺蜜产生了好感。几经思索，他决定邀请妻子的闺蜜，而对方也答应了他。

出门的时候，他向妻子撒了个谎，说晚上有应酬，晚点回来，妻子也没说什么。

男子如约而至，妻子的闺蜜等候已久。于是，男子开始与其交谈，席间，自然要免不了聊他们共同熟识的人——妻子。男子抱怨妻子如何如何地让他感到厌倦，说妻子只懂得柴米油盐，不懂得浪漫。当他试图握住妻子女友的手表白心意的时候，妻子女友对他说："对不起，时间到了，我答应了我的朋友。"

他惊讶地问："你朋友是谁？"

妻子的女友说："你的妻子。"

他愕然了，一脸沮丧，他觉得很惭愧，怎么能这样对待勤勤恳恳的妻子呢？

他拖着沉重的脚步推开家门的时候，妻子在等他。妻子对他说："这不怨你，我还有做的不到的地方。"他感到无地自容，只有深深的愧疚和感动。他们俩紧紧拥抱在了一起。

后来，他们彼此之间多了一份信任，一份恩爱。

很多人会对故事中的男主人的行为感到不屑，然而，在现实生活中，这样的人却不少，他们总认为自己可以找到更完美的爱人，总认为现在的爱人缺点无数，于是，他们总是不知足，而到最终失去时，他们才感到惋惜。

我们常常会听到有人这样说：婚后我才发现他（她）原来是这么不讲理，这么不可理喻。其实，这也是很正常的。谈恋爱时，大家总是把自己最好的一面展示给对方，极力掩饰自己的缺点，可一旦结婚，各自放松了警惕，大家开始"坦诚"相对，于是，各自的缺点也就暴露出来了。其实，人本身并没有变，只是因为夫妻之间没有任何神秘感可言，再加上包容心慢慢变得麻木，于是，尊重的成分少了，苛刻的目光多了；宽容的心减弱了，好胜的心变强了。这时候，"讲道理"的战争也就接踵而至了。夫妻双方总是认为自己付出得多，得到得少，于是，就会感觉到失望。而失望后，又会不停地抱怨，慢慢地失去了耐心，慢慢地灰心。为了孩子、为了家庭、为了自己的名声，凑合着过完下半辈子。

两对夫妻组合打羽毛球，理所当然地是两位先生各自搭配自己的太太。奇怪的是，夫妻同一组打球，经常会以吵架收场，男的指责女的，女的指责男的，两个人互相埋怨，气得无法再打下去。这时候，裁判员建议他们换搭档，即将各自的太太换到对方那一边去，去当"敌人"继续打球。效果如何？通常这么调换之后，两边无不"杀"得兴高采烈，满场沸腾。其实，人们总是习惯于对自己身边的亲人过分苛刻，把宽容和客套留给了外人。婚姻中也是如此。

丈夫或妻子可以对外人客客气气的,可以宽容别人对自己的伤害与过错,却不肯容忍自己的爱人一点点的错误,哪怕是这点点的错误根本不值得一提。其实,宽容别人,等于给了自己一个新的机会。想一想,生活在这竞争激烈的社会中,人们真的很不容易,现实的压力,生活的压力,一源源不断地涌过来。对哪个人好都不如对自己的爱人好。当你遇到挫折的时候,是你的爱人安慰你、容忍你,任凭你发泄。当你深夜不归的时候,是你的爱人在担心你、惦记你。当你生病起不来的时候,是你的爱人嘘寒问暖。只有你的爱人,无论你曾经用多么重的话伤过他(她),曾经让他(她)感到多么心寒,他(她)仍一如既往地关心你。所以,还是珍惜身边的人,好好经营婚姻,学会宽容。

有句俗话说:"婚姻如饮水,冷暖自知。"每个人都会步入婚姻的殿堂,和另一个人开始过一种新的生活。但正如钱钟书先生的《围城》中所描述的:围在城里的人想逃出来,城外的人想冲进去。的确,相爱容易,相处难。但只要我们秉持谦卑的心,多看到对方的好,少点自恋,相信我们一定会将婚姻经营得愈久弥香。

犹豫是否结婚时的判断性问题

当是否要结婚的抉择摆在你面前时,如果你犹豫不定,那么,请问自己一个问题,再过几十年,等到八九十岁时,你们是否还会相谈甚欢?

——尼采

无论是爱情还是婚姻,结婚的双方都希望能够持久——当然,这也是现代人所困惑和担心的。尼采为那些陷入是否应该结婚困惑中的人指了一条明路——是否有共同语言与沟通欲望应该成为我们决定的重要因素。

古今中外,关于幸福,人们有很多的理解:对一门心思敛财的葛朗台,拥有如山的金币大概就是他最大的幸福。可当他年老力衰,甚至生命垂危之时,他仍念念不忘他的金子,这样的幸福是多么的可悲。当中国的封建学子们以"洞房花烛夜,金榜题名时"为人生的最大幸福,并且为之疯狂时,我们看到了无数吴敬梓笔下的范进中举后喜极而疯的场面,幸福就是如此吗?其实,真正的幸福是与自己相爱、合适的人厮守终生。在爱情中,幸福很简单,只要我们懂得发现,懂得珍惜,幸福就很简单。

然而，所谓珍惜并不是要去珍惜最好的，那不叫珍惜。珍惜的真谛恰恰在于敝帚自珍。正因为不够完美，所以才需要我们去珍惜。只有珍惜，才能使寻常的日子，寻常的人，寻常的感情历久弥新，变得珍贵起来。

我们可能都有这样的体会：你的一个朋友买了一件很漂亮的衣服，他穿起来很好看，于是，你也想买一件，但在试穿后，你却发现，这件衣服再好看也不适合自己的气质，你只能放弃。这只是生活中的一个简单事例，但从这件小事中，我们不难得出一点：适合自己的才是最好的。当下很多人都深受逼婚之苦，可在择偶这一问题上，我们也应该明白，绝不可因为周围的人已经进入婚姻，而草草结婚，只有寻找到与自己有共同语言、相谈甚欢的人，我们才有可能经营出幸福的婚姻和人生。

据说，尼采终生未婚，源于他的一次相亲。

到了适婚年龄，在颇费了一番周折后，尼采终于和一个女士见面了。和尼采相亲的是位皮肤黝黑、相貌平平而又不修边幅的女士，尼采先问对方："你为什么同我结婚？"

她的回答不同凡响："上帝怕你办坏事，派我来监督你！"

尼采吓坏了，之后再也不想结婚了。

尼采的经历，让他对婚姻有更多思考，当然在今天看来，有些是充满悲观的，有些有着积极的意义。求婚是一段幸福婚姻的开始，欣慰一笑的同时，我们也应该从中吸取一些择偶经验：与自己有共同语言的人走在一起，我们才有可能谱写幸福婚姻的篇章。

我们都是在集体中生活的人，我们也都有自己的圈子，于是，我们常常会不经意地用周围人的眼光来审视自己的生活，认为别人已经成家了，自己也应该结婚；如果我的爱人也这么漂亮，带出去该多有面子；如果我的老公也这么有钱，我就不用这么辛苦了……许多时候，人们往往忽视了什么是真正的幸福，认为只有别人觉得自己是幸福的，才是真的幸福。而实际上，幸福是属于自己的，他人只能旁观，却不能真正感悟，一味地模仿别人的生活，很可能让自己离幸福越来越远。

在婚姻的问题，我们不能把自己的意识形态强加于别人，当然也不要轻易接受别人的思维。尼采说："人是群居动物，不是特立独行的，我们不要用那些苛刻的条件来挑选配偶，只要与我们有共同语言、能与我们相谈甚欢的人，就是合适我们的人。"可以看出，对自己未婚，尼采也有所遗憾。总之，请不要用别人的眼光去审视自己的幸福，幸福是属于你自己的，任何人都有话语权，但却没有决策权。

新时代的人们，都应该有一颗独立自主的心，要明智地选择自己的配偶乃至人生，更加理智地去看待身边的人或事情，从而让我们的生活更加和谐，更加美好！

获得爱，就得学会理解对方

> 我们现在所深爱之物，在刚刚接触时并不是熟悉的，相反，我们只有经过了了解的过程，才会相互理解，才会产生亲近之感。无论是工作、学习、朋友还是我们的爱人，都是如此。
>
> ——尼采

尼采告诉了我们获得爱的关键因素——只有理解，才能产生爱。尼采说："陌生被定为嫖娼和爱情的界限。"生活中的人们，可能都希望找到一个相伴一生的爱人，但这需要一个过程，人与人之间都要经历相遇、相识到相知，我们不可能一步到位地了解一个人。因此，对于陌生的爱人，我们一定要有耐心，给足对方时间和机会，绝不可太过草率。尼采说："在你爱的人面前，你在做任何事情做想任何事情，都会去理解或者考虑到对方的感受，对方的思想，只有这样，才是真爱。没有理解，就是有痛苦；没有理解的爱，往往是不会长久的；爱，没有理解的话，常常会给生活带来惨痛教训。"

任何一个人，都希望自己爱情顺利、婚姻幸福，但我们总是会遇到一些不和谐的因素，此时，就需要男女双方学会理解。

有一对年轻的夫妻，丈夫打仗去了，留下身怀六甲的妻子独守家园。三年后，丈夫从军中退役，妻子带着他们的小儿子到村口迎接他。当这年轻夫妇重逢时，两人都忍不住流下喜悦的眼泪。他们很感激祖先的保佑，丈夫要求妻子到市场去买些鲜花、水果等供品，回来祭祖。

当妻子去买菜时，这位年轻的父亲就要他的儿子叫他爸爸。可是，小男孩拒绝了：你不是我爸爸。"我爸爸每天晚上都会来，先生。我妈会陪他说话，一边讲还一边哭。妈妈坐下来，爸爸就坐下来；妈妈躺下来，爸爸就躺下来。"年轻的父亲一听，心都冷了。

妻子回来后，丈夫看也不看她一眼。这位年轻人向祖先上香、献花果、礼拜，接着就把拜垫卷起来，不让他妻子祭拜。他觉得，他妻子无颜面对列祖列宗。之后，他每天对妻子冷言冷语，饮酒度日，要不就整日在村子中闲逛。他妻子不明白他为什么变成这样。不久，妻子再也忍受不了，终于投河自尽。

办完丧礼的那天晚上，这位年轻的父亲燃起煤油灯，他的小儿子叫起来："这就是我的爸爸！"他指着他父亲墙上的影子说，"我爸爸每天晚上都会这样子跑来，然后我妈妈都会跟他讲话，还不停地哭。我妈妈坐下来，他就坐下来；她躺下来，他就躺下来。"

原来几个月前,小孩问起父亲的事,他的妻子就指着自己在墙上的影子说:"这是你父亲。"她非常挂念他,她向她的影子哭诉:"亲爱的,你走了太久了,我一个人怎么带小孩?"

这位年轻父亲这才恍然大悟,可是为时已晚了。

年轻的父亲因为没有理解妻子有一颗爱他的心,没有理解妻子爱他爱得是那么的深,才导致自己心爱的人永远离开了自己。这出人间的惨剧就是因为缺乏理解。其实,真爱就是平等心、不执著、不分别、平常心或放下。如果你的爱有执著、分别、偏见或依恋,这就不是真爱。可见丈夫对妻子没有真爱,因为执著误会而对妻子产生偏见。在我来,真爱就是:"放下分别和偏见,移开彼此之间的界线。只要还把自己当成爱人的人,把他人当成被爱的人,只要还把自己看得比他人重要或是跟他人有所不同,就不是真的舍。想要理解和真正爱一个人,便要把自己放到'他的立场'与他成为一体。做到这样,就不会有'我'或'他'。"

学着去理解自己所爱的人,是对真爱的修行。尼采在《人性的,太人性的》中说:"我们由自身开始做起,理解自己的真实本性。只要仍旧拒绝自己,仍旧继续伤害自己的身心,去谈爱他人、接纳他人是没有任何意义的。有了正念,就有办法认识到我们习惯性的思考模式，以及我们思维的内容。有时候，思维会在原地打转，让我们在失去信心、悲观、冲突、悲伤、嫉妒中沉没。当我们的心是如此，我们的一言一行也就不由自主地表现出这些心念来，进而对自己及他人造成伤害。要在我们习惯性的思考模式中，照进正念的光芒，让我们能看得清楚。当念头或想法浮起时，立即觉察，并对它微笑。也许，这样就能使它止息，适当的注意可以带来幸福、平安、清晰以及爱。不适当的注意则会令心中充塞悲伤、愤怒、歧视。正念帮助我们修行适当的注意，灌溉心中平安、幸福、解脱的种子。"

了解你的爱人，这其中包括性格、爱好、兴趣等方面。这样，在两个人的心中便会多一份坦然，多一份满足，换言之，也就是多了一份幸福。

其实，无论是爱情还是生活，都是需要我们经营的，相爱的双方能够走到一起肯定是因为对方某些方面吸引自己，或者有某些与自己相同的地方。但牙齿与舌头相碰之日，也有打架的时候，男女双方也不是任何时候都保持高度一致的，对此，我们都要忍耐，这是一个磨合的过程，经过这个过程，就会收获满满的幸福。

爱的真谛是为两者之间的差异喜悦

  爱的意义不是为了寻找与自己完全相同的人,也不只是为了寻找接受并爱自己的那个人。爱是为与自己完全相仿的人的真实状态而喜悦。即便此人与你有着相反的感情,我们也要为了这一感情而喜悦,这才是爱的真谛。

——尼采

  尼采认为,能感受到爱一个人的真谛,就是要学会爱真实的对方,并接受彼此之间的差异。的确,我们总是戴着面具走进爱情的,总想展示自己最优越的一面,刻意隐藏着平凡普通的那部分。你要接受一个人,不只是接受他的优越,更要看清他的平凡普通并仍然去深爱。事实往往也是,我们走着走着,就感觉对方变了。其实,我们只是走进对方最真实的地方,然后迷失了自己。

  当有人问尼采为什么不结婚时,尼采回答:"任何一个人,都希望自己爱情、婚姻幸福,然而,相爱的两个人,通常都有着不同的性格和生活习惯,难免会出现一些不和谐的因素,这就是原因——因为我害怕这样的结局。"尼采的苦恼是后人的教训，其实，只要我们能做到心平气和，尊重、理解和包容对方，是能做到求同存异的。

我们先来看看下面的故事：

妻子玛丽跟其他女人一样喜欢逛街，一逛就能逛上一整天，经常大清早出门，晚上还不回家，丈夫杰克则喜欢看报读新闻。刚结婚时，杰克希望自己的妻子别整天外出逛街，希望她能和自己一样在家看看报纸，看看新闻，多学点东西，能养成一些高雅的兴趣爱好。好说歹说，玛丽终于答应试试看。可没过多久，生性爱动的玛丽就受不了了。她在家根本就待不住。为此两人纷争不断，苦不堪言。

有一天，玛丽忽然对杰克说："杰克，你不能总是要求我改变自己，你也要适当改变一下。不如你陪我去逛逛街，如果你能做到没有怨言地陪我逛一天，我也愿意为你改变自己。"杰克答应了。只好硬着头皮陪玛丽去逛街。

在商场，玛丽对什么都感兴趣，一会看看这个，一会看看那个，对于自己想买的东西，不仅要货比三家，还要讨价还价。对于购物，玛丽乐在其中，可不到一个小时杰克就实在受不了，一直催她赶紧付钱。回家后，他们吵了一架。玛丽对丈夫说："你知道吗？你让我做的这些改变，就跟我让你陪我一起购物一样让我不痛快。"

杰克这才恍然大悟，把个人的喜好和性格强加于人，无异于帮助别人制造痛苦。

该如何协调夫妻关系呢？求同存异！夫妻间要求同存异。夫妻双方拥有不同的喜好，要进行进一步协商。一方好动，一方就应该让他（她）去参与适合的活动；一方喜静，则由其去从事自己喜欢的事儿，只要不超原则，即互不干涉；同时，我们觉得，还必须挖掘出一些共同点，否则，两个人的话题会越来越少。

其实，两个人相爱，大部分也是被彼此所没有的特质所吸引，只是在不断相处的过程中，我们逐渐忘了这一点，要知道，每个人的性格不同，把自己的喜好、习惯强加于对方，必当会引发很多矛盾。

爱人之间要做到接受真实的彼此，就是要尊重对方与自己不同的方面，尊重对方的个性，这也是一个人保持独立人格的基本要求。虽然大家生活在同一片屋檐下，但仍然是有自己的思想的个体，依然有各自的爱好和价值观。当然这求同存异也不是放任对方，只要对方的行为不破坏家庭的稳定，有利于保持身心健康，我们就应该予以支持。存异的目的是为了求同，这求同对于家庭来说，当然是为了家庭的温馨、家庭的幸福。

没有爱就没有生命

当内心有爱时，我们周围的阳光也会跳起快乐的舞蹈。

——尼采

尼采曾经说过这样的话语："生命是不可以没有爱的，没有爱的生命是不能在世界上存在的，哪怕是一天！"是啊，没有爱的生命会意味着什么？孤独？寂寞？还是焦灼？意味着人生的一切痛苦都会随之而来。有爱，才可以快乐。当内心有爱时，每一句话都是快乐的音符。当内心有爱时，每一个动作都会播下快乐的种子。

快乐是什么？是爱，是真爱。尼采说："在我们每个人的心里，都存在着一种信念，它提醒着我们什么是我们最珍视的、最渴望的东西，那就是爱。"在《睡美人》这个神话故事中，女主人公从一位英俊的王子那里得到深情的一吻，因而从漫长的睡梦中醒来，来到王子居住的宫殿，从此两人过上了快乐的生活。这就是真爱的力量。

有爱才会有快乐。快乐是爱最重要的元素和色彩，它依赖爱的存在而存在。人生要是没有了爱,那么什么都消失了,阳光风景,浪漫情怀一切的一切都可以消失殆尽!有爱心会支持这世界,世界才会美好起来。

一天,两个衣衫褴褛的农村兄弟,大的10岁,小的才5岁,来到城里讨饭。他们敲响第一户人家的门,这家人在门里说:"自己去干活挣钱,有钱就有饭吃了,不要来麻烦我们。"他们又来到另一户人家的门口,里面的人说:"我们这里是不会施舍任何东西给叫花子的。"

遭到了多次拒绝与斥责,兄弟俩很伤心。最后,他们遇到了一位好心的妇人,她说:"嗷,我可怜的孩子,让我去看看有什么东西可以给你们吃。"过了一会儿,她拿了一瓶牛奶送给了兄弟俩。

兄弟俩坐在公园的草地上,像过年一样高兴。弟弟双眼凝视着牛奶,对哥哥说:"你是哥哥,你先喝!"哥哥看了看弟弟,拿起奶瓶假装喝了一口,然后,他把奶瓶递给了弟弟:"现在轮到你了,一次只能喝一点点哦。"其实他双唇紧闭,一滴牛奶也没喝到。

弟弟急忙接过奶瓶,喝了一大口,哥哥又接过瓶子,假装喝了一口。就这样奶瓶在兄弟两个手里来回传递,哥哥一会儿说:"现在该你了。"一会儿说:"该我了。"一瓶奶就这样喝完了,而哥哥由始至终一滴也没有喝到。

哥哥付出了爱心,得到的是弟弟的满足和快乐。哥哥因付出得到了回报而幸福，当然，这种爱的回报是无限的。虽然他肚子空空，却幸福满满。

只要有爱就有足够的力量和信念去改变这个世界。心中有爱的人即使孤苦伶仃、无家可归，生活都会有希望，就会有勇气把梦想变成现实。心中无爱的人即使锦衣玉食、子孙满堂，活着也是行尸走肉，因为他们已把心灵带进了坟墓。正是因为有爱，才使我们的生命有了光芒和色彩。

爱是接纳并且鼓励别人，爱是一种人与人的相互给予。我们之中有许多人一生中都只会依照自己的方式去爱，而忽视了别人的需求。举例来说，当我们在家里准备晚宴的时候，最在意的是家看起来亮不亮堂、菜肴精不精美，而不是我们的亲人。我们也许忘记了答应孩子们去野游的承诺，而只是以忙为借口；我们也许有一年没有送圣诞礼物给自己最好的朋友，原因是想不出送什么合适的礼物。我们一心所想的只是自己的风光和体面，而从未意识到如果沉迷在自我之中，将会没有办法向别人表达出真正的爱！

"如果是这样的话，我们不妨尝试着去表达这种对亲人和朋友的真爱，我们会发现，表达或是给予真爱，会使我们感到快乐和满足，而这正是我们获得人生快乐的源泉。"尼采如是说。在现代生活中，繁忙使我们的心灵处于沉睡状态，往往忘了什么是最要紧的东西，忘了爱到底是什么。

有个小男孩非常渴望见到上帝。他知道要走很远的路才能见到上帝。他收拾好行囊，戴上了几个面包几瓶酸奶上路了。

他走几条街，有点累了，这时他看见了一位老婆婆坐在公园的长椅上，聚精会神地望着在草地上啄食的鸽子。

小男孩想休息一会儿，就在老婆婆旁边坐下了。他从包里拿出一个小面包，正要往嘴里送，却发现老婆婆正望着他，好像她也很饿了，于是他把小面包送了上去，老婆婆微笑地接过面包。老婆婆笑得真好。小男孩想看老婆婆露出更多这种微笑，于是他又送给她一瓶酸奶。老婆婆又送给他一个感激的微笑，小男孩高兴极了。

他们就那样一边吃，一边笑，在长椅上坐了整整一个下午，一句话也没说。天快黑了，小男孩起身准备回家，走了几步，又转回来，他张开双臂紧紧地拥抱老婆婆，而她也回送给他最美丽、最动人的微笑。

小男孩回到家，妈妈发现儿子的脸上洋溢着喜悦，于是她问："今天你怎么这么高兴？"

"我今天和上帝一起吃了午饭，"看着妈妈惊讶的表情，小男孩开心地说道，"你知道吗，我从没有见过像她那样美丽的笑脸。"

就在同一时刻，老婆婆也回到了家，她也是满脸喜悦。她的儿子十分奇怪地问："妈妈，什么事让你今天这么高兴？"

"今天我和上帝一块儿吃面包了，"儿子还没反应过来，她又补充了一句，"你知道吗，上帝可真年轻！"

爱是一切事务，包括工作、家庭、人际关系等成功的关键，快乐的真正秘诀就是爱。我们必须对自己有足够的爱，以便认识到我们有能力获得快乐。我们必须相信，我们周围的人需要我们，以求获得快乐的生活。

只有做个懂得爱的人，才会真正走上幸福之路。一旦我们生活在爱之光的照耀下，我们自己就将成为一座灯塔。与其被人爱，不如去爱他人。因为，一个人只有忘我，才能发现自我；只有宽恕他人，才能被他人宽恕。快乐会在爱与被爱的缝隙中爆发出来。

心中有爱，生活就充满快乐

如果每个人都能对他人有份爱心，那么，即使他身处困境，都能保持愉悦的心情，生活充满阳光。

——尼采

尼采说："慈心，是亲爱和好的心，希望他人有幸福，是君子心。要做什么事，都要有爱心；要说什么话，都要有爱心；要想什么事，都要有爱心。这样做，爱心会支持这世界，会使世界有福乐、和敬同住、不相疑忌、不相仇视。这样，全世界会美好起来，一切众生，亦都是很安乐的。"在尼采看来，爱是改变这个世界唯一的力量和信念。现实更是证明了这点。

女士病了，尼采连忙去看看她。

有位善良的女士生病了，住在一间简陋得难以想象的屋子里，屋里除了一床肮脏破旧的被子，一把黑糊糊的茶壶，几乎找不到一件像样的家什。

而以前，她家比较殷实，原来的房子就建在一所小学旁边。每到课间，附近的学生都会偷跑到她家，因为在那里总是能找到面包之类的食物，而对于这些跑到她家来的、好像永远吃不饱的孩子们，这位女士总是那么大方地拿出最好的东西，从无悭吝之心。

如今年迈的她虽然住在简陋的破屋里，由50多岁的儿子照料，但心情仍是那么开朗。滔滔不绝地向前来探望的人讲述她从各处听来的逸闻趣事，逗得大家开怀大笑。

受过她不少恩惠的人们知道她之所以心情开朗的原因，是由于心中有爱，所以即便遭遇生活变故，如今又重病缠身，生活艰难，仍不会将自己的苦难归罪于他人而怨天尤人。

如果每个人都能对他人有份爱心，那么，即使他身处困境，都能保持愉悦的心情，生活充满阳光。心中有爱的人即便是在风餐露宿流浪的人群中，生活都会有希望，敢把梦想变成现实。而没有亲情和被爱遗忘的人，活着也是行尸走肉，他们把心灵带进了坟墓。正是爱，才使我们的生命有了质的不同。

在一家医院里，同时住进了两位病人。当诊断结果出来后，甲当即列了一张告别人生的计划单离开了医院，而乙却住了下来。

住下来的乙每天神情萎靡，医生每次按惯例询问他："先生，你想吃点儿什么吗？"乙都摇摇头，默不作声。

"先生，那你有什么喜好吗？"医生想用心理疗法来给他治疗，但乙还是摇了摇头。医生不甘心地又问："你没有家？"

"没有。与其承担家庭的负累，不如干脆没有。"年轻的乙说。

"你没有爱人吗？"

"没有，与其爱过之后便是恨，不如干脆不去爱。"

"没有朋友？"

乙叹了一口气说："唉！没有。在这个世界上，除了我自己的躯体外，我一无所有。朋友与其得到还会失去，不如干脆没有。没人爱我，我又何必去费心费力地爱别人呢？"

医生听了之后，叹了口气，转身走了出去。他说："我医治过成千上万的病人，每次都是全力以赴，但这个病人，我想是彻底没有希望了。"

而甲出院后，便开始了游历。首先去了他童年居住的地方，看望了那些抚养他长大的亲人；第二个月，又以惊人的毅力和韧性到欧洲旅游，登上了埃菲尔铁塔，领略了梦中向往的风光，他还去大学拜见了一个自己心目中向往的导师；第三个月，他寻找往昔的朋友相聚了一次。半年后他实现了写一本自传的夙愿，把自己奋斗的历程和一些处世哲理送给了自己的女儿。

他说："为了那些爱我的人和我爱的人，我要好好活过每一天，不留遗憾地离开这个世界。现在我才体会到心中有爱，生活就充满希望，有爱就有真正的生命和人生。"

其实，那时甲患了绝症，而乙经过短期治疗即可痊愈，但一个对生活没有任何留恋的人生活还会有希望吗？一个没有爱心的人单靠医生的医治，也无法使自己好转起来啊！在这个世界上，人们之所以身临绝境也没有放弃生活的希望，就是因为世界上有值得自己爱的人和事。千万不要小瞧了心的力量，它实在可以改变一个人从内到外的一切。

有时，你所在乎的人似乎对你漠不关心，你会因此感到心情沉重。但是，这不是沮丧的借口。既然你坚信你对他人怀有慈悲心，那别人的忘恩和不在乎就无关紧要。当内心有爱时，四周将环绕着光明；当内心有爱时，每一句话都含有欢乐的气氛；当内心有爱时，时光将轻缓、甜蜜地流逝。

爱对方就要学会分担

> 分担重担，分担忧伤，分担苦楚，这样才是真爱。
>
> ——尼采

在生活中，我们拿什么去止息和转化别人的痛苦，减轻别人的忧伤呢？告诉你，最直接有效的办法就是分担。道理很简单，别人肩负100斤的重担，你为他分担50斤，别人的担子就会轻很多，别人就会因为你的分担而减轻重压的痛苦。

爱利奥是一名小学五年级的学生，她家生活很清苦，生活的重担全压在父亲一个人的肩上，父亲白天在工厂上班，还要利用晚上的时间抄写封条来挣些零花钱补贴家用。小爱利奥想帮父亲抄写封条，从而减轻父亲压力，但是父亲没有答应。于是爱利奥每天晚上等父亲睡着了，再偷偷地爬起来抄写封条。因为父亲每天干到很晚，从来不会留意字迹的不同，有一次父亲领了工资回来，因为抄封条的收入多了不少，他非常开心，还带了一个鸡腿庆祝。爱利奥看着父亲脸上久违的笑容，心里也美滋滋的。可时间久了，爱利奥的睡眠严重不足，功课也有所退步，不知情的父亲还经常为此责骂她，对此小爱利奥一直默默地忍受着。

直到有一天，半夜醒来的父亲看到小爱利奥工作的身影，才明白了一切。

爱利奥为父亲减少了痛苦，这就是真爱。尼采说："每个人都无法脱离他人、脱离社会而独立存在。天下间的任何一个人，不管你有多少财富，有多大能力，都有需要他人帮助的时候。"在尼采看来，很多时候，人与人在一起不是需要享受，而是需要分担，这是人与人相处最大的意义。亲情也好，爱情也罢，唯有分担才有真爱。

从前有个商人要远行，他带了一匹马和一头驴，在路上他让驴驮着所有的东西。驴太累了，于是对马说："请帮帮我吧，为我分担一点身上的东西吧，要不然我会没命的。"马没说话装作没听见。没多久驴被累死了。商人没办法只好卖了驴肉，剥下驴皮，然后将所有的货物连同驴皮都放在了马背上。马后悔极了，哭着说："假如我当时愿意为我的朋友分担一些货物，那我现在就不会这么累了。"

"没有分担的世界是苦的，没有分担的世界更得冷的，没有分担的世界更是悲惨的。——真爱的世界哪能是这样的呢？想想看，当爱人不堪重负的时候，而你却袖手旁观，爱又在哪里呢？分担重担，分担忧伤，分担苦楚，这样才是真爱。"尼采在《人性的，太人性的》中这样写道。当你爱一个人的时候，应该懂得本着什么样的心态去爱，用什么样的行动去爱。如果说按对方所需要是真爱的行为，那么有一颗悲心就是真爱的心态。

看看秋天的大雁吧，它们长途跋涉向南方飞行，那么远的距离，是如何坚持下来的呢？靠的就是大雁的V字队形理论。他们用叫声相互鼓励，轮流做领头雁，雁群中的每一个成员都会主动分担责任。当有一个大雁受了伤，队伍中会有两个大雁保护和陪伴它。正是这种相互分享力量、相互承担责任的精神，支持着他们飞完全程。

同样地，如果我们在学习中、在生活上也能够像野雁一样分享彼此的力量，分担彼此的压力，彼此借力共同完成艰难的长途跋涉，那么我们也一定能够完成更伟大的目标。

有两家邻居，一家夫妇俩都很健康，而另一家，男人双目失明，女人下肢瘫痪。在大多数人眼里，可能以为，夫妇俩都很健康的那一家一定过得幸福快乐，残疾的那一家肯定过得穷苦艰难。但事实恰恰相反，健康的夫妻总是吵架，家庭气氛非常紧张；而残疾的那家人一天到晚总是开开心心，脸上始终闪烁着幸福笑容。健全的那家人很纳闷，于是就去问残疾的那家人，为什么我们什么都有了，却不快乐；而你们家过得这么艰难，却能过得这么开心呢？瘫痪的女人说，我为什么不高兴呢？我不能走路，但他愿意做我的双腿，让我跟其他人一样看到这美丽的世界；失明的男人说，我虽然看不到东西，但是她愿意做我的双眼，让我知道这个世界色彩斑斓。

健全的夫妻终于明白了，他们一直都在按照自己的想法生活，从来没有考虑过对方的感受。所以，他们总是相互埋怨，不断争吵。其实，在他们健康的外表下，隐藏着我们看不到的残疾。

　　尼采曾经感叹："人生的路很长，只有学会分担，我们才能走得更远。"当你知道你所爱的人痛苦的时候，你只要紧紧地坐到他旁边，看着他、倾听着他的诉说、感受着他的苦楚。你能与他有心灵沟通和交流，这样，就可以给他带来些许的安慰。真爱中的分担形式是多样的，一句慈悲的话、一个慈悲的行动或念头，就可以缓减另一个人的痛苦，带给他喜悦。言语可以带来安慰和自信，摧毁疑虑，帮助他人避免犯错，或是打开解脱的大门。

爱，要给所爱的人带来喜悦

　　真爱总是替我们和我们所爱的人带来喜悦。如果我们的爱无法替双方带来喜，就不是真爱。学会为真爱播下喜悦的种子，这样，让真爱生长、保持。

——尼采

许多小事情也可以带来无比的喜悦,譬如说察觉自己有双好眼睛。只要睁开双眼,就可以看见蔚蓝的天、紫色的小花、稚儿、树木和许多多彩多姿的东西。在尼采看来,我们可以接触到这些美妙和清新的东西,喜悦之心会油然而生。他说:"喜悦中有幸福,幸福中有喜悦。"生活需要喜悦心,爱更要一颗喜悦心。真爱总是替我们和我们所爱的人带来喜悦。如果我们的爱无法替双方带来喜,就不是真爱。

有一对夫妻非常恩爱,他们没有太多物质享受,更没有良好的经济基础,但他们之间也不乏情调的婚姻生活。男人从田野回来,会顺便给女人摘一束野花,女人会在上面嗅个不停,随后会灌一啤酒瓶清水,把花插在上面养着;有时,男人会带来一些野果,放到女人嘴里,把女人酸得直咧嘴……女人闻的是花香,尝的是酸果,但在她心里荡漾着的却是一种甜美。男人看着女人嗅着花香和酸得直咧嘴的模样,他感到自己的女人是天下最美的,心里同样满揣着幸福。

为什么没有太多物质享受,更没有良好的经济基础,没有玫瑰、也没有烛光晚餐,但这对夫妻却显得那么幸福呢?很简单,他们能给彼此带来了喜悦。两个人有喜悦心,所以才幸福。真爱离不开喜悦,真爱就是给所爱的人带来喜悦;喜悦更是维持真爱的秘诀。在东方,很多人都有这样的经历:

两个人在恋爱的时候,常把这份独特的感情与生活分开来经营。这个时候，恋爱是奢侈的，两个人总会找一些由头，或去喝一杯咖啡，或去意大利餐厅品尝名厨的菜肴，或给女友送去一大捧鲜艳的玫瑰……一次花去几百上千也觉得没有什么不值，因为那种浪漫的感觉实在是太好了。

结婚以后就不同了，婚姻似乎把两个人从恋爱的浪漫拉回到生活的现实中来，恋爱时一次旅行的花费，现在可能是两口子一年的油米钱。这个时候，生活没有了咖啡、牛排，没有了花前月下，一点情调都没有了，两个人之间好像全是洗衣、做饭和油盐酱醋茶。伴随着时间的流逝，恋爱中的那种心跳的感觉，含情脉脉的眼神，有情调的一点一滴仿佛都被现实生活所吞噬。他们要么任由自己的婚姻死气沉沉，两个人在一起只是凑合着过，要么迅速"散伙"，结束自己那令人感到麻烦而又无趣的婚姻。

很多人不知道为什么婚前婚后会两个样，告诉你，这就是缺少喜悦心造成的。真爱在婚前充满喜悦中而浓，在婚后没有喜悦中而淡。我们的祖先将痛苦的种子传递给我们，但他们也给了我们平安、自由、喜悦及幸福的种子。即使这些种子埋藏在意识深处，我们仍可灌溉它们，帮助它们茁壮起来。接触心中的喜悦、平安、自在、安稳及爱的种子是很重要的修行。我们也邀请朋友同样来接触我们这些种子。如果我们爱某人，我们每天都需要觉察并接触在他心中的正面种子，不要他浇灌愤怒、沮丧和仇恨的种子。这样，可以帮助他朝健康与幸福的方向成长。

1889年，图林的灾难降临了。长期不被人理解的尼采由于无法忍受长时间的孤独，在都灵大街上抱住一匹正在受马夫虐待的马的脖子，最终失去了理智。数日后，他的朋友奥维贝克赶来都灵，把他带回柏林。尼采进入了他的生命的最后十年。他先是住在耶拿大学精神病院。1890年5月，母亲把他接到南堡的家中照料。

1897年4月，因母亲去世，尼采迁居到位于魏玛的妹妹伊丽莎白·福尔斯特·尼采的家中居住。在尼采的一生中，他的家庭始终是他的温暖的避风港，作为这个家庭中唯一的男性，家中的五位女性成员始终围着他转，无微不至地关怀他，精心呵护他，尽量满足他的一切愿望。

家人无私的爱给尼采最后的人生带来喜悦。爱对方，就是要给他喜悦，用喜悦维持你的真爱。我们的心有如一片田野，土地里藏着正面和负面的种子。我们必须觉知所有各式各样的种子。当我们接触到心中的痛苦时，也要知道尚有其他种子的存在。

Part5 尼采谈社交
——遵守交际的规则

尼采之所以去巴塞尔大学任教，离不开导师李契尔思向巴塞尔大学的推荐："他是莱比锡这里整个青年语言学家圈子里的宠儿……你会说，我这是在描述某种奇迹，是的，他也就是个奇迹，同时既可爱又谦虚。"在不同的人生阶段和不同的环境中，无论能力多么强的人也必须争取尽可能多的人的帮助。我们要与周围的人建立起良性的互动关系，为自己凝聚起高指数的人气，这是一个人博取成功的必要条件。

与人交往，迟钝就是美德

与人交往，无须时刻保持敏感和警惕，有时，迟钝即是美德。

——尼采

在尼采的交际哲学里，他认为，与人交往时，即便看透了对方的某种行为或想法的动机，也需装出一副迟钝的样子。生活中，我们发现，那些看上去愚钝的人似乎人际关系更好，在交际中他们也如鱼得水、左右逢迎，这是为什么呢？因为从心理学的角度看，人们认为，那些笨一点的人没有多少心眼，不会"算计"他人，因而人们更愿意相信他们。鉴于这一点，我们在积累人脉的过程中，要想得到他人的信任，也就不能表现得太过精明，而应该装装傻。装傻是一种高境界的交际哲学，装傻并非真傻，而是大智若愚。

生活中，如果有人在公共场合侃侃而谈、发表自己的见解时，你却发现对方的观点存在问题，你是如何做的？当对方向你炫耀其在单位人缘是如何好、领导是如何倚重他时，但其实就在前一刻，他的同事还向你倾诉过他的抱怨，此时的你，又是如何做的？如果你不顾对方颜面，指出了对方的错误，那么，他势必会在心里痛恨你。面对这些，聪明的人往往会选择装糊涂的方式，他们会看穿不说穿，因为他们深知，人都是要面子的，给人留情面，才能赢得好人缘。

有一个5岁大的孩子，当别人同时拿出5毛钱和1块钱，让他去选时，孩子都会选择5毛钱。于是，大人们都觉得孩子傻，竟然不知道1块钱比5毛钱的面额大。

有一个外地来的人听说了这件事，他不相信真有这么傻的孩子。于是他找到了孩子，同样拿出5毛钱和1块钱让孩子选择，结果孩子真的选择了5毛钱。

外地人觉得不可思议，问孩子："难道你真的不知道1块钱比5毛钱能买更多的东西吗？"

孩子小声地说："我当然知道了，但是如果我选择了1块钱，以后就没有人跟我玩这个游戏了。"

事实上，小孩并不傻，可以说是聪明绝顶，但是他宁愿像个傻子一样去选择5毛钱。因为他选择了5毛钱，就会有人不断地来测试他，他就能不断地得到5毛钱。但如果他选择了1块钱，那他得到的也仅仅是1块钱。他把自己装成傻子，傻子当得越久，他就拿得越多。这就是孩子的傻子哲学。与人打交道时，那些看似精明、认真、爱较真的人，却往往吃不开、这一点，再次帮我们验证了"难得糊涂"确实是一剂人生"良药"。

那么，人际交往中，当他人出现了失误时，我们该如何做呢？很简单，要做到看穿不说穿，给他人留面子。如果对方陷入了交际中的窘境，那么，此时，你千万不要落井下石，取笑他。在这种情形下，你应该为他打圆场，换一个角度或找一个借口，以合情合理的解释来证明对方有悖常理的举动在此情此景中是正当的、无可厚非的，这样一来，对方的尴尬解除了，正常的人际关系也能得以继续下去了，而无形中与对方的友谊也更加深厚了。

人与人毕竟是不同的，即使是朋友，也会因为意见不合、观点不一致而争论，在一些问题上互不相让。此时，你只有偃旗息鼓，才不至于将问题恶化。最巧妙的方法之一就是转移朋友的注意力，让双方的情绪平缓下来，在轻松的气氛中让尴尬消失，使交际活动得以顺利进行。

总之，社交生活中，为他人留面子是维护感情的最有效的方式之一。日常交往中，我们必须从善意的角度出发，以特定的话语去调节人际关系，帮他人维护面子，也可以使我们在交际场合左右逢源。

上帝也喜欢真诚赞美他的人

> 人人都喜欢受人称赞。
>
> ——尼采

天底下只有一种方法可以促使人去做任何事，那就是给他想要的东西。那么，一个人究竟想要什么呢？

尼采曾在给朋友的一封信中提到："人人都喜欢受人称赞。"他还说过："人类本质里最殷切的需求是渴望被人肯定。"尼采不用"希望"、"盼望"等字眼，而是用"渴望"这个词，可见在尼采看来受人称赞是多么重要。事实上，这种渴望不断地吞噬着人类的心灵，其中少数懂得满足人类这种欲望的人便可以将他人玩弄于股掌之中。这种"被人肯定的渴望"，也正是人类区别于其他物种的最大区别。

2010年，杰克斯高薪聘请了查理为新成立的公司第一总裁。当时，查理刚满38岁。有很多人对杰克斯聘请查理很不理解，并且年薪是500万美元。是查理先生确实是个了不起的天才，还是他比别人对股票懂得更多？都不是。查理先生告诉杰克斯，在他手下工作的许多人对股票其实比他懂得都多。

杰克斯之所以高薪诚聘查理，主要是因为查理善于处理人事，管理人事。杰克斯问他："如何做到这一点？"查理回答："我认为促使人将自身能力发展到极限的最好办法是赞赏和鼓励。我从不批评他人，我相信奖励是使人工作的原动力。因此我喜欢赞赏而讨厌吹毛求疵。"这就是杰克斯聘请查理的原因，也是查理成功的秘诀。

约翰·洛克菲勒成功管理人事的首要秘诀，也是真诚地赞赏他人。洛克菲勒有一位合伙人叫做爱德华·贝德福特。在一次生意中，由于决策的失误，他使公司损失了近100万美元。当时，洛克菲勒完全有理由指责贝德福特，但他并没有这样做，因为他知道贝德福特已经尽力了，况且这件事也已经过去了。所以洛克菲勒找了另外一件事，说他节省了50%的投资金额，以此称赞贝德福特。洛克菲勒赞美说："这简直太好了，我们并不能总是像巅峰时期那么好。"

其实类似这样的例子还有很多，真诚地赞美他人不仅是管理者的必修课，也同样是生活中每一个人所需要掌握的一门处世技巧。2012年，有人曾对美国妇女离家出走的原因进行过调查。你知道这些妇女离家的主要原因是什么吗？那就是"没有人领情"。即使我们心里也常常感谢另一半所做的一切，但从来没有说出自己的称赞和感恩之情，就仿佛他们所做的一切的是天经地义的一样。我们会照顾儿女、朋友，甚至雇员的身体，但我们可曾照顾过他们的自尊？我们给他们牛排、美酒，以补充他们的体力，却忽略了感谢他们的言语。要知道，这样的言语，胜似清晨那美妙的音乐，将永远在他人的记忆深处歌唱。

百老汇最著名的歌舞剧家弗罗仑兹·齐格菲，具有一项使"美国女孩增添光彩"的超人能力。很多次，他都把原本没有人愿意多看一眼的平凡女孩，变成了风情万种、千娇百媚的大明星。他所用的就是赞美和鼓励。他常用体贴、殷勤的力量打动女士们的心，使她们确信自己是美丽的。他用加薪的方法，使女工们感觉自己的重要性。他很浪漫，每逢首演之夜，一定打电话给主要明星，还送她们一大束红玫瑰。

假使我们真是这么自私，这么功利，从来都是吝啬于给人带去一点快乐，一旦没有从他人身上得到好处，就不再对他人表示一点赞赏或表达一点真诚的感谢——如果我们的灵魂比野生的酸苹果大不了多少，我们的心灵会变得多么贫乏。

为什么不用微笑面对他人呢

寒冬里那温馨的微笑，你就是拿整个春天来换，我都不给。

——尼采

在生活中，人们脸上的微笑，就是向人表示：我喜欢你，我非常高兴见到你!在交际中，微笑的魅力是无穷的。它就像巨大的磁铁吸引铁片一样，吸引着你，诱惑着你，使你无法拒绝它。在尼采看来，其中具有不可估量的价值。它可以创造人际关系的奇迹，同时也改变着我们自己。

有人说，微笑价值无限。微笑的力量是巨大的，孩子们天真的微笑使我们想起了天使，父母的微笑让我们感到温情，祖父的微笑让我们感到慈爱。拿最常见的事情来说，小狗见到主人时，那副欣喜若狂的样子就让人觉得小狗是最忠实的伙伴了。尼采也同样认为："微笑永远有魅力。当你在微笑时，你的精神状态最为轻松，全身的肌肉处于松弛状态，而且，你的心理状态也就相对地稳定，当你那充满笑意的眼光与别人的目光相遇时，你的笑意会通过这道'无形的眼桥'递给他，他会被你的快乐情绪所感染。自然而然地，你们之间的气氛就会变得和谐，交流起来也容易多了。但如果你皱着眉头，挂着一副苦瓜脸，没有人会欢迎你的。"

不仅是尼采这样认为，在我们的工作中微笑的力量也是无穷的。

罗伯特·杰布森是辛辛那提市一家电脑公司的经理，也曾经是卡耐基的一位学生。由于业务上的需求，他们要招聘一名技术部主管，虽然发出了招聘广告，但是没有人应聘。后来他们得知有一位刚从加利福尼亚大学毕业的计算机专业博士生，由于成绩优异，已收到了好几家公司的聘请书，而且这几家公司的实力都很强。于是罗伯特抱着试一试的态度，给他打了个电话，内容当然是聘请他。罗伯特用很客气的语气讲了公司的情况，同时也向他说明了公司现在的实力虽然不如其他大公司，但是如果有能力强的技术人员好好干，一定能在此行业中占有一席之地。

过了几天，这位博士生打来电话，说他已经同意到罗伯特的公司来上班了。得知这个消息，罗伯特十分高兴，但却弄不懂他为什么不去那些更好的大公司里去工作，而到自己的公司来。当罗伯特向他提出这个疑问时，对方犹豫了一下，说："前几家公司的经理都居高临下，用一副冷冰冰、公事公办的腔调跟我说话，我对此感到很厌烦。如果跟这样的上司打交道，我感受不到尊重，在他们手下可能也压根得不到重视。虽然他们的职位更高，但我们的法律地位是平等的，没必要给我摆架子。而你，也是一位经理，却用这么客气的语言向我说话，不厌其烦地向我介绍你们公司的情况，你的声音听起来很温暖，有人情味，我愿意与你打交道，我感到你是真心诚意地欢迎我加入。"

罗伯特在他说话的过程中一直面露微笑地听着，给他打电话时也是一样。正是由于微笑的力量，才使他赢得了一位不可多得的人才。

美国的许多电话公司都为利用电话来推销的推销员安排了一

种"特殊电话效用"的训练,要求人们微笑着向别人打电话,尽管电话那端的人看不见你的微笑,但是能感受到你微笑的气息。

微笑是发自内心的,如果你对你的工作和生活始终能以微笑的态度来对待,那说明你对你的生活很感兴趣,而感兴趣是你取得成功的第一步。

斯坦哈德结婚已有18年了,这么多年来,从他起床到离开家的这段时间内,他难得对自己的太太露出一丝微笑,也很少说上几句话,家里的生活一直很沉闷。后来,他接受了一个朋友的建议,决定改变这种状况。一天早晨,他梳头的时候从镜子里看到自己那张绷得紧紧的脸孔,就对自己说:你今天必须要把你那张凝结得像石膏像一样的脸松开来,你要露出笑容,就从现在开始。

坐下吃早餐的时候,他脸上有了一副轻松的笑意,他向太太打招呼:亲爱的,早!太太的反应是惊人的。她完全愣住了,可以想象,那是她意想不到的高兴。斯坦哈德告诉她以后都会这样。从那以后,他们家庭的生活就完全变样了。现在斯坦哈德去办公室,会对电梯员微微笑地说:你早!去柜台换钱时,对里面的伙计,他脸上也带着笑容。他在交易所里,对那些素昧平生之前从没有见过面的人,脸上也始终带着一缕笑容。

不久他就发现每一个人见到他时,都向他投之一笑。对那些来向他道"苦经"的人,他以关心的、和悦的态度听他们诉苦。而无形中他们所认为苦恼的事,变得容易解决了。微笑给他带来了很多很多的财富。

斯坦哈德和另外一个经纪人，合用一间办公室。他雇用了一个职员，是个可爱的年轻人。斯坦哈德对自己所得到的成就，感到得意而自傲，有一天，他对那年轻人提到"人际关系学"，那个年轻人这样告诉斯坦哈德：我初来这间办公室时，认为你是一个脾气极坏的人，而最近一段时间来，我的看法已彻底地改变了。我觉得你微笑的时候，很有人情味！

尼采说得不错："微笑能很快使人感受到我们的亲切、喜悦和善意，微笑使得男人、女人、老人、孩童的脸蛋变得漂亮迷人，微笑使我们表情丰富、充满热情、友好和理解、充满温暖的爱心。"让我们养成微笑的习惯，每天早上起来第一件事就是对着镜子练习微笑，开始时可能要强迫自己做出微笑的动作。可微笑的肌肉与支配神经一旦运用熟练，你就可以经常对着人微笑了。

和谐的交往要靠距离来维持

> 矛盾和纷争，都是因为太近。
>
> ——尼采

在寒冷的冬夜，两只困倦而又冻得发抖的刺猬拥在一起。

可因为各自身上都长着锋利的刺，靠得太近就会被对方身上的利刺戳到，于是它们赶紧离开对方。但很快又冷得无法忍受，于是只能又凑到一起。经过几次的反反复复、分分合合，两只刺猬终于找到一个合适的距离：既能互相获得温暖而又不至于被对方的刺伤害。人们常用这个比喻人与人之间的友谊。尼采说："人与人之间是应当保持一定距离的，这是每个人的'自我'必要的生存空间。一个缺乏'自我'的人，往往不懂得尊重别人的'自我'需要生存空间。你刚好要独自体验和思索一下你的痛苦，你的门敲响了，那帮同情者络绎不绝，把你连同你的痛苦淹没在同情的吵闹声之中。"

人从小到大，都会交一些朋友，这些朋友有的只是普通朋友，但有的则是可称为"死党"的好朋友。但是我们也常发现，一些"死党"到后来还是散了，有的是"缘尽情了"，有的则是"不欢而散"。人能有"死党"是很不容易的，可是散了，多可惜啊。而"死党"一散，尤其那种"不欢而散"，要再重新组"党"是相当不容易的，有的甚至根本再无见面的可能。

人一辈子都不断在交新的朋友，但新朋友未必比老朋友好，失去老朋友更是人生的一种损失。为了避免失去老朋友，不让多年的关系随风而散，一定要记住尼采的忠告："再亲密的关系也是需要距离的。"

《圣经》上说，上帝按自己的模样创造了人的形体。兴之所至，用树枝沾满泥浆，甩成了成千上万个人形。等到上帝又寂寞了，于是又赋予人类语言、不同的性情和喜怒哀乐。从此，人类诞生繁衍，也不再有完全同样的两个人。

的确，世上没有完全同样的两个人。两个人，不论其形体多么相像，他们绝没有完全同样的性情、爱好，绝对没有同样的经历和对事物同样的认知观点。于是，距离就存在了。距离成为人际关系的自然属性。有着亲密关系的两个朋友也毫不例外。成为好朋友，只说明你们在某些方面(或许多方面)具有共同的目标、爱好或见解以及心灵的沟通，但并不能说明你们之间是毫无间隙、融为一体的。任何事物都存在着其独自的个性，事物的共性存在于个性之中。共性是友谊的连接带和润滑剂，而个性和距离则是友谊相吸引并永久保持其生命力的根本所在。人际关系就像弹簧一样，保持适度的距离以及适度地拉伸和压缩，会使之保持永久的弹性美。

是的，因为距离的美，你和他都想进入对方那颗美好的心灵，都努力展现各自的魅力和对对方的关怀。随着距离的缩短，"金无足赤"的人类的瑕斑也在友谊的光环中出现，过深的了解使你发现了对方人性中并不完美的一面。于是，瑕斑的影子在你心灵里起了冲突，某些不和谐便随之出现。由于关系、距离的拉近，你和他都在内心要求对方须与自己一起摆动，少许的违背都使你特别在意。于是，被欺骗感和不忠实感使你对友谊产生了怀疑、冷淡和争执,动摇了友谊的根基。而关系一旦变形,便再难恢复其原来的和谐。这时你便会懊恼:为什么当初要缩短这关系,破坏了相互间的距离美和朦胧美。

人就是这样奇怪:未得到时,总想得到;未靠近时,总想贴在一起。可真正得到和靠近了却又太过苛求。人总在无意中伤害着自己。奇妙的是,好朋友的感情和夫妻的感情很类似,一件小事也有可能造成感情的破裂。

人说夫妻要"相敬如宾",自然可以琴瑟和谐,但因为夫妻太接近,要彼此相敬如宾实在很不容易。其实朋友之间也要"相敬如宾"。确信"相敬如宾","保持距离"便是最好的方法。

何谓"保持距离"?简单地说,就是不要太亲密,一天到晚在一起。也就是说,心灵是贴近的,但肉体是保持距离的。

能"保持距离"就会产生"礼",尊重对方,这便是防止双方碰撞的"海绵"。

当然太过保持距离也会使双方关系疏远,尤其是现代社会,大家都忙,很容易就忘了对方。因此,对好朋友也要打打电话,了解对方的近况,偶尔碰面吃个饭,聊一聊,否则就会从"好朋友"变成"朋友",最后变成"只是认识"了!

刺猬的例子是对人与人相处需要距离的最贴切的诠释。两只刺猬在寒冷的冬天,为了借助对方的体温来温暖自己,凑到一起,可惜它们身上都有刺。距离太近,刺得双方很难受。可是双方离得很远又因为远离了对方冷得很难受。它们只有不断地摸索着距离的远近，并找到一个合适的距离，才能既相互获得温暖又不至于被对方的刺伤害。做人也是这样，由于每个人都有自己的个性，两个人走得太近很容易由于个性的摩擦造成双方的不愉快。

有礼有魅力

> 礼仪是人们社会活动的润滑剂，是联络人与人感情的纽带，是人际关系的桥梁。
>
> ——尼采

在社会中，有些人认为能力决定一切，因而对礼仪观念十分淡漠。殊不知气质、修养、风度和品位都离不开"礼"的支撑，它是一个人魅力核心。一个人要是不讲礼仪，不论是他的内在人格还是外在形象都会坍塌。如果不懂得礼，就无法做人，在社会上也无法立足。

1869年2月，年仅25岁的尼采被聘为瑞士巴塞尔大学的古典语言学教授。此后的十年是尼采一生中相对愉快的时期。在巴塞尔，他结识了许多年长和年轻的朋友，例如瑞士著名文化艺术史学家雅可布·布克哈特。1869年4月，尼采获得了瑞士国籍，从此成为瑞士人。1869年5月17日，尼采初次到瑞士卢塞恩城郊的特利普拜访了瓦格纳。

尼采在下雨天赶到巴塞尔大学面试，面试官是学校最知名的教授。教授看到尼采进门前，尽力将雨伞上的水弄干，又在门口的脚垫上仔细地擦了擦脚底的泥水，进门后他把雨伞轻轻倚在门口的墙上，然后向教授鞠躬问好。经过半个多小时的问答，尼采起身告辞，并为自己在雨天来访所带来的麻烦表示道歉。

教授当即决定录用尼采。助手不解地问教授："那个年轻人既缺少教学经验，又没有学校的推荐信，为什么偏偏录取他呢？"教授笑着说："谁说他没有推荐信，他的礼貌就是最好的推荐信！"

尼采有礼的举止，使他在应聘者中脱颖而出。所谓"有'礼'走遍天下"，其中的缘由不难理解。因为我们会有这样的体验：如果你和一个知书达理的人打交道，他们的礼貌表现会让我们感到愉悦，要是和一个粗鲁无礼的人在一起，他带给我们的更多是不快。有礼的人更容易获得别人的青睐。在社会生活中，礼仪最能成就你的人脉，反过来，不懂礼仪就是人脉的禁忌。有时候，哪怕是在礼节上的细微失误，可能都会给你的人际关系带来损伤。

Part5　尼采谈社交——遵守交际的规则

　　珍妮任职于一家台资广告公司，做满两年之后，她的业务能力和积累的客户关系足以让她成为一个部门的领导，当然这也是众望所归。经理告诉她，他已经把升职申请报到台湾总部，只要远在台湾的老板一来公司，她就可以被提升为销售主管。

　　不久，珍妮又完成了一宗比较大的广告投放计划，也很巧，就在这时，远在台湾的老板也来到了公司。听说珍妮又有了新的业绩，老板很高兴，拉着她和经理一起去吃饭庆祝。得到了这样的礼遇，珍妮心想，这下升职已成定局了吧。

　　等到庆祝结束，老板让她搭自己的顺风车回家。或许是平时坐惯了出租车，珍妮想也没想就钻进了后厢。经理颇有些奇怪地看了她一眼，也没多说什么，就坐在了副驾驶座上。坐定之后，珍妮也觉得不知道哪里有点怪怪的，自己一个人坐在后头，但心想也许这样子经理和老板谈话比较方便啦。途中经理先下了车，临走又似有深意地望了她一眼，珍妮没有领会他的意思，只是挥手道了声：bye-bye！老板开车把她送回了家，告别的时候神情有些冷淡，珍妮想，大概是有些累了吧。

　　可自此之后，提升一事像泥牛入海再无音信，珍妮着急了，但是又问不出口。没有别的什么办法，只好继续兢兢业业地工作，试着把升职的事情忘掉。直到半年之后，一次加班到很晚，经理把她叫进办公室，告诉了她事情的原委：其实这位台湾老板是个比较传统守旧的人，对一些琐碎礼仪比较看重。

比如坐车，司机旁边的位子往往被叫做"死亡座椅"，如果多人出行，肯定是职位较低的人去坐。老板觉得年轻人应该自觉谦让，所以对她的印象打了折扣。再加上后来经理下车后，出于礼貌珍妮应该坐到前排以示陪同，绝不能够像坐出租车似的，弄得老板就是个司机一样。这些礼节上的失误，虽然很小，却让珍妮在上司面前留下了不好的印象，错过了升职的机会。

礼仪不仅代表一个人的形象，还能打动很多人，让你获得出人意料的人脉关系。如果你能适当地做到"多礼"，则必然大受欢迎。尼采曾这样说过："如果你的社会关系是一台机器，那么，彬彬有礼的态度就是那部机器中的润滑剂。"可见，在人际交往中只有形成尊重和被尊重的默契与和谐，才可能给你的形象加分，让你的交际顺利进行和持续发展。

良好的礼仪带来谦虚的风度

> 美好的行为比美好的外表更有力量，美好的行为比形象和外貌更能带给人快乐。这是一种精美的人生艺术。
>
> ——尼采

Part5　尼采谈社交——遵守交际的规则

在尼采看来，在人际交往中，一个人的相貌、服饰会给人留下深刻的印象，但是，最让人过目不忘的是对方的言行、举止。换句话说，人不仅要有个好的体形，更重要的是，要有个优美的姿态，行为举止要表现出应有的素养，让人亲近、认同。

在风景秀丽的纽约大街上，写字楼鳞次栉比。某照明器材公司的业务员汤姆跟人约好，前去洽谈新产品的合约。他手拿新设计的照明器材样品，兴冲冲地登上六楼，脸上的汗珠未及擦一下，便直接走进了业务部主管的办公室，正在处理事务的负责人被吓了一跳。

"对不起，这是我们企业设计的新产品，请你过目。"汤姆说。对方停下手中的工作，接过汤姆递过的照明器材，随口赞道："好漂亮呀！"他请汤姆坐下，并递过来一杯茶，然后拿起照明器材仔细研究起来。

汤姆看到经理对新产品如此感兴趣，如释重负，便往沙发上一靠，跷起二郎腿，一边吸烟一边悠闲地环视办公室。当对方询问电源开关为什么装在这个位置时，汤姆习惯性地用手搔了搔头。

虽然汤姆作了较详尽的解释，但是这位负责人还是有点半信半疑。谈到价格时，对方强调："这个价格比我们预算的高出较多，能否再降低一些？"

汤姆回答:"这是最低价格,一分也不能再降了。"对方沉默了半天没有开口,汤姆却有点沉不住气。他不由自主地拉松领带,眼睛盯着对方。最后,这位负责人又问:"这种照明器的性能先进在什么地方?"汤姆又搔了搔头皮,反反复复地说:"造型新,寿命长,节电。"不久,负责人托辞离开了办公室,只剩下汤姆一人。等了一会儿,汤姆感到无聊,便非常随便地抄起办公桌上的电话,同一个朋友闲谈起来。这时,门被推开,进来的却不是那位负责人,而是办公室秘书。

不用说,汤姆的交易泡汤了,而他失败的原因,就是在客户面前失去了礼仪,做事肆无忌惮,根本不照顾对方的感受。这种傲慢、无知的做法会招人讨厌,生意自然也谈不成了。

在任何时候、任何场合,面对任何人,都要保持礼貌,都要表现出一副温文尔雅的姿态,不要以职位、气势压人,更不可摆架子。

1868年秋,尼采在莱比锡瓦格纳姐姐的家里结识了他仰慕已久的音乐大师瓦格纳,两人久久地谈论起他们共同喜爱的叔本华哲学。在随后的几年中,瓦格纳和妻子成为尼采在艺术和理智方面的良师益友,瓦格纳的家也几乎成了尼采的新家,并且他还得到了瓦格纳的导师李契尔思为他写给巴塞尔大学的推荐信:"39年来,我亲眼目睹了这么多年轻人成长起来,但我还从未见到有一个年轻人像这位尼采一样如此早熟,而且这个年轻就已经如此成熟……如果上帝保佑他长寿，我可预言他将来会成为第一流的德国语言学家。他今年24岁，体格健壮，精力充沛，身体健康，身心都很顽强……他是莱比锡这里整个青年语言学家圈子里的宠儿……你会说，我这是在描述某种奇迹，是的，他也就是个奇迹，同时既可爱又谦虚。"李契尔思是第一个向世间预言尼采是位天才的人。

尼采的"可爱又谦虚"赢得了李契尔思的赞誉，后来尼采深有感触地说："用良好的礼仪建立你与他人的关系，获得对方的认同，而不是靠粗俗无礼让人生厌。"可见，行为举止，是一个人精神面貌的体现，是一个人自身素养在生活和行为方面的反映，也是反映一个人涵养的一面镜子。同时，言谈举止也是影响办事效果的一个重要因素。良好而优雅的行为举止既是文明礼仪的要求，也体现了其内在的涵养和吸引力，更是对他人的尊重。

不要直接地批评他人

伟人之所以伟大，在于他对待卑微者的方式。只有了解，才能让我们变得仁慈，变得宽容。

——尼采

尼采曾经这样说:"如果不到世界末日,即使是上帝,他也不会轻易地去审判世人。"一个拥有无限能力的上帝尚且对"审判"如此小心翼翼,我们为什么还要动不动就去批评别人呢?

你可能会说,人们总要为他们的错误付出代价,而批评只是一个带有善意的警告而已。或许,你出于善意,但你要知道,言能杀人,自古使然。作为社会动物,我们与他人既有合作又有竞争,如何处理好人际关系,这关系到我们安身立命的问题。没有人愿意与他人交恶,这样只会使自己处于被社会遗弃的境地。与人相处时,我们要切记:人们并不是纯粹按照理性、逻辑来生活的,人们不但感情充沛,而且带着偏见、傲慢和虚荣。批评是一根危险的导火线,它足以引爆一个人的自尊,而这种爆炸有时会置人于死地。

尼采初到瑞士巴塞尔大学任教时恃才放旷,不仅喜欢指责别人,而且还喜欢挖苦他人。这一年,尼采发表了一封匿名信,讥讽一位巴塞尔大学的同僚。所有读过此报的人都被尼采的讽刺挖苦逗得哈哈大笑。这位同僚知道此事后怒不可遏,他查出是尼采做的之后,这位一向儒雅的同僚便要与尼采拼命,他们的同伴阻止了这场斗殴。

决斗这件事对尼采的一生影响深远,之后,他再没有写过任何侮辱他人的信件,而且,从那时起,他也不再因为任何事情去轻易地批评他人。即使是批评，他也会首先站在对方的立场上去了解对方的观点。尼采充分认识到批评是多么危险的一件事，它不仅可以摧毁一个人的自尊，也会引起一个人顽强的反抗，甚至以生命为代价，而被他批评的事情，却不会因此走上他所希望的轨道。

然而，有时候我们不得不面临这样的境地：你必须对一件事进行批评。当你负责一个公共场所的卫生，而一群人却无视"禁止吸烟"的规定，在喷云吐雾时，你该怎么做？你是直接上去厉声谴责，还是开动脑筋另辟他途？钢铁大王卡耐基最得力的助手史华伯就遇到过这样的事情。

一天，史华伯来到钢铁厂，他发现几个工人无所事事，在厂子里面吸烟，而那里恰恰挂着一个牌子——"禁止吸烟"。史华伯朝工人走了过去，他温和地说道："伙计们，工作挺辛苦吧，好好休息一下！"他一边说，一边拿出自己的烟盒，抽出烟，递给工人。"尝尝我的雪茄。不过不要谢我。伙计们，要是你们要谢我的话，就请到厂子外面抽烟吧。对此，我也会不胜感激的。"工人们听出了史华伯的意思，他们自认理亏，而且从心里钦佩史华伯。因为他们不但没有受到责罚，而且每人还得到了一根雪茄。有这样的管理者，工人们怎么会不愿意为他效劳呢？

史华伯是机智的，他没有正面批评工人们不守规矩，而是从侧面旁敲侧击，不但使工人们心服口服，还加深了他们对自己的喜爱。

当我们批评一件事情时，回避正面的冲突是必要的。直接地批评，不仅会损害一个人的自尊，破坏彼此的人际关系，而且也不会收到预期的效果。如果我们采取史华伯的方法，从侧面去暗示对方的错误，那么对方不仅不会责怪我们，相反，他会认为我们是在真心地关心他，从而感激我们，并会积极主动地弥补之前所犯的错误。

面对异见，我们要像尼采那样，学着去理解。每个人都会犯错，每个人都渴望得到理解。如果你看到他人的错误，就义正言辞地指责他们，那只能毁掉他们。胡德尔大将因受到他人的批评，加之没有被任命率领军队去法国，自尊心受到了极大打击，几乎葬送了自己的性命；刻薄的批评，也曾使英国大文学家哈代放弃了小说的创作；而严厉的批评还造成了英国诗人托马斯·卡德登的自杀。因此，我们不要总是责怪别人为什么做出了那样错误的事情，不要赫然指出他人的错误，而是要试着去了解他们，弄明白他们为什么要那么做，这会比简单粗暴的批评更为有效，更为有益。

要学会欣赏他人

> 学会发现、欣赏他人身上的特质，学习对方的长处，弥补自己的不足，这样才能成为正直、谦逊、热情有礼的人。
>
> ——尼采

尼采在大学教书的时候，曾这样告诫他的学生："一个人如果是优秀的，你就会从他身上找到好的人格品质；如果你不这样认为，就无法发现他人身上潜在的优点；如果你本身的心态是积极的，就容易发现他人积极的一面。当你不断提高自己时，别忘了培养欣赏和赞美他人的习惯，认识和发掘他人身上优秀的特质。"

在尼采看来，学会欣赏他人，这不仅是一种智慧，也体现了一个人的气度。看到他人的缺点很容易，但是只有当你能够从他人身上看出优秀的品质，并由衷地欣赏他们的成就时，你才能凭借广阔的胸襟，真正赢得友谊和赞赏。

一个人的视野有多宽，他的成就就会有多大。你的身边不乏优秀分子，以欣赏的眼光发现他们身上的优点，并加以借鉴，最后收获最大的是你自己。并且，你的这种欣赏目光会让对方感同身受，乐于承认、接受你这个朋友，何乐而不为呢？

一个春光旖旎的中午，阳光撒在大地上，杰克拉着爸爸的手在郊区公园散步。突然，一位穿着不合时宜的老太太走过来，只见她的上身紧裹着厚厚的羊绒大衣，脖子上围拢着一条毛皮围巾。在这样暖和的天气里，这样的打扮不伦不类。

看到这里，杰克小声说："爸爸，你看那位老太太的穿着打扮多可笑啊！"爸爸也看到了老太太，但是他没有露出鄙夷的神情，而是严肃地对杰克说："孩子，我们应该学会欣赏别人，而不是去挑剔。"接着，爸爸抚摸着他的头说，"孩子，我与你的看法恰恰相反，我很欣赏那位老太太！"

听到这里，杰克有些疑惑了，他盯着爸爸，期望得到更满意的答案。爸爸解释说："那位老太太在这样暖和的天气里穿着厚大衣，脖子上围着围巾，她应该是大病初愈，身体还没有康复吧！孩子，你留意观察她的表情了吗？她平静的目光停留在那丛绽放的花朵上，脸上荡漾着欢愉的笑意，你难道不认为她很可爱吗？她很坦然地欣赏着大自然，我觉得老太太并不滑稽可笑，而是展现着对美的释放！"

于是杰克再次认真地打量眼前的老太太，眼前的一切的确跟刚才看到的不一样了。老太太安详的眼睛涌动着某种渴望，脸上绽放的微笑如同她眼前一朵朵美丽的花儿一样。从那一刻，杰克明白了"欣赏"的力量。换个眼光看世界,你会发现她是如此美丽动人。

玛格利特曾经说过:"美存在于观看者的眼中。"她的看法和尼采所说的"我们在别人身上看到我们所希望看到的东西"不谋而合。尼采认为,每个人都是相当复杂的综合体,融合了好与坏的感情、情绪和思想。你对他人的想象,往往奠基自己对他人的期望之中。因此,我们每个人都应该围绕着自己的核心竞争力去不断地改进自己,让自己进步。别人的缺陷是别人的事,或许也是他们的人生,你无法去改变别人的命运,但你得把握自己的命运。

在生活中,首先要学会正确地看待这个世界,修正自己看事物、看人的角度,自然可以得到积极、正面的东西。久而久之,我们就能获取积极的人生。西点军人们知道,学会去欣赏别人,发现别人的优点,可以补充自己的正能量,获得超凡的成功。

事实上,当一个人学会了发现别人的优点时,心情才会阳光起来,才能让自己的心智得到最大的营养,才具有乐达的气质。即使不小心发现别人的缺点,那也是对自己的一种提醒,让自己学会了超越,懂得了如何与人相处。

人的心态为什么会不好,就是因为看到了太多丑的东西,事实上它并不一定是丑的,只是你的价值观与他不同而已,或者说你只看到了表象,而它未必是事情的本来面目。

如果你懂得了换个角度看问题，学会欣赏别人，你的路也将越走越宽阔。

每一个人都渴望得到别人的欣赏，同样，每一个人也应该学会去欣赏别人。学会用一种正常且健康的心态去欣赏别人，是一种爱。欣赏别人，绝不是表面上简单地赞赏别人，而是打开真诚的心灵窗户收拢满园春色，只有拥有春天般心灵的人才会真正领悟到春天的美丽。

学会保全对方的面子

> 要真正体验生命，必须站在生命之上！为此要学会向高处攀登！为此要学会俯视下方！
>
> ——尼采

面子，是一个人最关心的问题。"丢面子"这种令人尊严扫地的事，没人愿意发生在自己的头上。在人际交往的过程中，如果你可以保全别人的面子，或者使对方觉得很有面子，那么你不仅会赢得别人的好感，还会得到对方的尊重。

明治维新时期，西乡隆盛就曾经有过保全对方尊严的义举。

西乡隆盛是日本明治维新取得成功的功臣之一，他一生重情重义。当幕府在江户的守军投降时，他为了维护对方的尊严，竟然命令自己率领的新政府官兵卸下武器，而允许战败的庄内藩士兵佩刀。他的这一举动造出了一场旷世未闻的入城奇观，也成就了江户无血入城的一段佳话。

无独有偶，土耳其领袖凯末尔在领导土耳其独立的战争中，也表现出对失败者的尊重与宽容。1922年，土耳其人在凯末尔的率领下，开始反抗希腊人的统治。经过残酷的战争，土耳其人获得了胜利，当希腊两位将军——黎科比斯和迪亚尼斯到凯末尔司令部投降时，凯末尔没有丝毫显示出胜利者的傲慢。为了维护两战败的两位将军的尊重，他对两位将军说："战争，只是一种竞技，即使是最优秀的人，也有失败的时候！"

保全对方的面子，不仅能够显示出一个人的修养，而且能够挽救对方的自尊，不致令对方感到自尊被摧毁而一蹶不振。尼采说："伤害人的自尊是一种罪过。我没有权利通过任何事情来贬低一个人的自尊。事实上，重要的是他觉得自己怎么样，而不是让我来评价他怎么样。"

在尼采看来，在人类的行为中，有一条至为重要的法则，那就是："永远尊重别人，使对方获得他所要的尊严。"杜威也曾有过同样的观点，"自尊是人类天性中最强烈的冲动和欲望"。尼采说："在人类的天性中，最深层的欲望就是渴望得到别人的尊重。"可以这么说，如果你能满足对方获得尊重的需求，那么,你可以完成任何你想要做的事情。

通用电气公司曾为一件人事安排而大伤脑筋。他们想要免除查尔斯·史坦利会计部门主管的职位。因为史坦利是一个电气方面的专家,而在会计方面,他毫无所长,但是公司又很忌惮给他调动工作。因为他是公司不可或缺的人才,如果轻率地给他调动工作,势必刺激到他那颗敏感自尊的心灵。最后,通用电气公司专门为史坦利设置了一个新的工作岗位——顾问工程师。人事调动进展得十分顺利。通用电气的人事主管十分高兴,因为他们通过巧妙的安排,调动了这位最富才气的重要人物,而且没有引起任何风波。史坦利也十分高兴,因为自己回到了熟悉的电气工程岗位,而且职务并没有因此而降低。

其实,究其原因,这次人事变动之所以能够顺利开展就是因为公司保全了史坦利的面子。

保全他人的面子,是多么重要的一件事啊!而我们当中的很多人却不愿意这样去做,他们仅仅从自己的立场出发,将自己的面子放在第一位!在保全自己的面子和他人的面子面前,他们总是毫不犹豫地选择前者。这样做,不仅使对方处于尴尬的境地,而且也为自己树立了敌人。向尼采这样的伟人学习吧!即使他们身处胜利者的位置,可以毫不费力地羞辱手下败将,他们还是选择了保全对方的面子。他们的人格是伟大的,他们受到世人的尊重也是当之无愧的。

Part6 尼采谈品格
——让人性绽放光芒

尼采认为,在没有上帝的世界上,人们获得了空前的机会,必须建立新的价值观,以人的意志为中心的价值观,为此,要对传统道德价值进行清算,传统的道德观念是上帝的最后掩体。可见,尼采十分注重人性中道德的构建。成功者需要有一个完美的品格,具有人格魅力的人更容易被人接纳。一个人不论受教育程度的高低和社会经验的丰富与否,一定要懂得如何完善自己的性格,这样你才能获得成功的力量。

生命必须不断超越自身

> 人是尚未定型的动物，只要努力，进步到老。
>
> ——尼采

尼采的《查拉图斯特拉如是说》中有一篇文章叫"自我超越"。正是在这篇文章中，尼采说明了生命的强力意志本质。由于生命的本质是强力意志，因此生命必须不断超越自身，求得更强大的生命实现。"生命自己曾向我说出这秘密。'看罢，'它说，'我是必得常常超越自己的。'"价值作为强力的产物，不灭的长存的善与恶是不存在的。"依着它们的本性，善与恶必得常常超越自己。"尼采认为，每一个人都应该在自己的估价里，"长出一个较强的强力，一个新的自我超越：它啄破蛋与蛋壳"。

尼采认为，个体生命的自我超越之所以必要和可能，是因为人本身只是"一个试验"、"一座桥梁"，人的本性是"尚未定型的"。尼采曾经给人以多种说法，诸如"最残酷的动物"、"最勇敢的动物"、"作着判断的动物"、"有病的动物"等，但具有本质意义的，则是他所说的，人是"尚未定型的动物"。

正由于人是尚未定型的动物,他没有一成不变的既定本质,所以,他可以自己改变自己、塑造自己、超越自己、创造自己。对于人的这种尚未定型的特性,尼采有着很多论述。他说:"我们人类是唯一的这样的创造物,当其有错误时,能将自己删改,如同删掉一句错误的句子。""人应当看到自己的力量是可大可小的,他的能力如在良好环境下也许可以发展到最高。""人可以治理自己的情欲,如园丁一样,但多少人知道这是随我们自由的呢?多数人岂非把自己看作完成了的既定事实吗?"

人是什么?尼采的回答是:人是"尚未定型的动物"。这一回答和萨特的"人的存在先于本质"有相近的味道。难怪有人说,尼采代表了存在主义的先声。尚未定型,人正是借此而同其他动物区别开来,并且战胜了其他动物。其他动物在物种上都已固定,没有发展的自由了。人却不然,他没有一成不变的既定本质,他可以自己改变自己、塑造自己、创造自己的本质。

人的未定型性和寻求意义的执拗性正是人的伟大之处。从某种程度上说人是"痛苦的创造物",因为在探索多方面的可能性时,必然"充满矛盾的评价,从而充满矛盾的动机"。但是,尽管痛苦,终归值得,人因此而更显其伟大。

正是因为"痛苦的创造",人又被尼采比喻为"自己的一个实验品"。每一次的实验,无论成败,都会化成自己的血肉,成为人性的组成部分。评价和寻求意义的行为非同小可,选择一种可能性意味着排斥了其他可能性。正如美国诗人弗罗塞德所写的那样：

黄昏的树林里分出两条路，

我选择了其中一条，

留下一条改日再走。

可是我知道每一条路都延绵无尽头，

一旦选定，就不能返回，

从此决定了一生的道路。

其实人生之路又何止两条，人只不过永远是在选择。人应当是永远不定型的，人的每一个自我创造的行为的同时创造出了再创造的自由。

人要为自己的生命提供一种意义，这意义超过生命的本身的意义；人的自我创造需要一个目标，这个目标高于人自身，这就是人的自我超越。

美德是心灵的健康剂

将美德作为修身必修课的人，昂首行走于人世间。

——尼采

美德是一杯香茗，是一杯美酒，是一朵芳香四溢的鲜花。美德可以让心灵摆脱痛苦，心灵被美德所占据，烦恼、纷争等便失去了生存的空间，欲望便会枯萎。快乐是美德所结出的硕果，拥有美德，便拥有快乐。如果一个人想要改掉坏的品质，唯一的方法就是用美德去占据它。

一位哲学家带着他的一群学生去漫游世界。十年间，他们游历了许多国家，拜访了许多有学问的人，现在他们回来了，个个满腹经纶。在进城之前，哲学家在郊外的一片草地上坐下来，对他的学生说："十年游历，你们都已是饱学之士。现在学业就要结束了，我们上最后一课吧！"

弟子们围着哲学家坐了下来，哲学家问："现在我们坐在什么地方？"弟子们答："现在我们坐在旷野里。"哲学家又问："旷野里长着什么？"弟子们说："旷野里长满杂草。"

哲学家说："对，旷野里长满杂草。现在我想知道的是如何除掉这些杂草。"弟子们非常惊愕，他们都没有想到，一直在探讨人生奥妙的哲学家，最后一课问的竟是这么简单的一个问题。

一个弟子首先开口说："老师，只要有铲子就够了。"哲学家点点头。

另一个弟子接着说："用火烧也是很好的一种办法。"哲学家微笑了一下，示意下一位。

第三个弟子说："撒上石灰就会除掉所有的杂草。"

接着第四个弟子说:"斩草除根,只要把根挖出来就行了。"

……

等弟子们都讲完了,哲学家站了起来,说:"课就上到这里了,你们回去后,按照各自的方法除去一片杂草,一年后再来相聚。"

一年后,他们都来了。不过原来相聚的地方已不再是杂草丛生,它变成了一片长满谷子的庄稼地。

苏东坡说:"吾上可陪玉皇大帝,下可陪卑田院乞儿。眼前见天下无一个不好人!"美德是心灵的健康剂,它让人有一颗平常心,有一颗爱心。拥有了美德,我们便不会与人争名夺利,凭空与人起纷争,便不会为一丝小利而烦恼。尼采说:"美德本身就是报酬,它能给人们带来最高尚而真实的快乐。在美德的磨刀石上,我们爱心的刀刃会更加锋利。"但不可否认,在讲求效率和功利的现代社会,我们应该在自己的心灵中为美德留下一片空间,让美德帮我们清除心灵的垃圾。不能物质生活丰富了,而心灵却贫乏了。

我们中华民族有许多传统美德,诸如:助人为乐、拾金不昧、安贫乐道等等。助人为乐者,予人乐也予己乐,帮助困难中的人做一点力所能及的事情,过后看着别人那挂满笑容的脸,自己心里何尝不是欣慰得很呢?拾金不昧者也是快乐的,捡到别人丢失的东西,如果占为己有,则会整天提心吊胆,总担心被别人认出来或是东窗事发,而这种私欲,要以长期甚至是终生忍受心灵的折磨为代价。相反，如果能拾金不昧，则会皆大欢喜。总之，一个心怀美德的人烦恼无法接近他，快乐永远伴随着他。

在精神层面上变得富足

> 一个人在精神上或生活上，也可以成为一个富有的人。虽然他可能不是一个有钱人，但他可以是诚实正直的、彬彬有礼的、温文尔雅的、自尊自爱的、自立自强的，这才是真正的绅士品质，才是真正富有的人。
>
> ——尼采

精神丰富的穷人无论从哪方面讲都比一个精神贫乏的富人强。借尼采的话说，前者是"一无所有，但无所不有"；而后者虽然无所不有，但其实一无所有。前者充满希望，无所畏惧；后者无所希望，杞人忧天。只有精神上的穷人才是真正的穷人。那些失去了一切的人，只要他还有勇气、快乐、希望、美德和自尊，他就仍然是富有的。因为这样的人世界信任他，他的精神主宰他的一切，他可以挺起胸膛，他可以抬头做人，他是一个真正的绅士。

有一个古老但却很有意义的故事。有一次,埃迪加河水突然暴涨,河水漫过了两岸,维罗纳大桥也被冲垮了,只留下中心的桥拱。桥拱上有一幢房子,房子里的居民向窗外呼救,眼看房基就要倒塌了。站在河岸上的斯波尔维里尼伯爵对周围的人说:"谁愿意冒险去救那些可怜的人,我就给他100个法国路易。"一个青年农民从人群里走出来,揽过一条小船,把它推入激流。他把这一家人接上小船,向岸边划去,把一家人安全地送上了岸。"这是你的钱,勇敢的年轻人。"伯爵说。而年轻人回答说:"不,我不出卖我的性命。把钱给这可怜的一家人吧,他们需要。"这是真正的绅士精神。虽然这个年轻人不过是个农民,但他在精神上却很富有。也正是因为如此,在不久以后他也成为了一个在物质上富有的人。

品格良好的人总是一如既往,不管是在众人面前,还是在私下里。

当有人问一个男孩,在无人在场的情况下为什么不拿一些梨子放进自己的口袋里。那个受过良好教育的孩子说:"不,有人在场,我在看着我自己。我从没想过做一件不诚实的事情。"

"慎独和良心是一个人主要的品格,也是人格高尚的具体体现。"尼采说。他认为,慎独和良心对生活的影响不是消极的,而是积极的。这种约束时时刻刻都在塑造着人的品格,时时刻刻都在发挥它的作用。没有这种影响,品格就失去了自己的保护,容易在诱惑面前投降，而且每一种诱惑都可能使人做出卑鄙或不诚实的事情。即使事情很小，也会导致自我的堕落。问题的关键不在于你的行动成功与否，以及是否被人发现，而在于你不再是从前的你，而成了另外的人。你会感到隐隐的不安，你会时时自责，或者说你会受到良心的谴责，这是一个做了亏心事的人不可避免的命运。

每个人都应该把拥有良好的品格作为人生的最高目标之一。有了这个目标，人们就有了为之奋斗的动力。当你的品格日益完善的时候，反过来又会给你不断向前的动力。人生应该有一个较高的目标，即使我们实现不了。尼采说："不向上看的年轻人就会向下看，不在空中翱翔的灵魂注定要匍匐在地。"

品格也有假冒伪劣，但真的永远假不了。有些人知道金钱的价值，于是他们制造假币，欺骗那些警惕性不高的人。尼采曾经对一个以诚实正直著称的人说："我愿意以1千英镑换你的好名声。""为什么？""因为我可以用它赚1万镑。"上校的话足以反映一个问题，那就是精神上的富有会产生巨大的力量，它的力量将会使你变成一个最富有的人。

就让我们从现在开始，挺起脊梁，抬头做人，努力去做一个在精神上富有的人吧！

品格是人生的王冠和荣耀

一个人即使没有文化，能力平平，且一贫如洗，但只要品格高尚，他总会产生一定的影响，不管他是在哪里，生在那个国度。

——尼采

尼采在《人性的，太任性的》这样写道："我的道路一定是通过品格获得权力，我不会选择其他途径。我坚信这条道路的正确，它虽然不是最快的，但却是最有把握的。"尼采有句话道出了这个真理："成功的人会请求天才人物的帮助，但遵从高尚者的道路。"

惠普公司前任董事会主席兼首席执行官莉·费奥瑞纳曾说过："那些伟大的领导者、伟大的公司、伟大的组织之所以伟大，不仅仅因为他们所具备的能力，还因为他们的个性。"

范登里普出任联邦纽约市银行行长之时，他挑选手下做重要的行政助理，首先便是以人格高尚为挑选的重要标准。

杰弗德从一个地位卑微的会计，步步高升，后来竟任美国电报电话公司大老板。他常对人说，他认为"人格"是事业成功的最重要的因素之一。他说："没有人能准确地说出'人格'是什么，但如果一个人没有健全的特性，便是没有人格。人格在一切事业中都极其重要，这是毋庸讳言的。"

一个人完善自我、实现发展，一定要获得社会和他人的认可、信任。如此，在面对机会、挑战和改革时，才能够顺势而为，或者迎难而上，实现完美的跨越。没有高尚的人格，就没有幸福的人生；没有高尚的人格，便没有崇高的事业。有人格魅力的人往往能够在成功的道路上畅通无阻。我们应当明白：一旦拥有了人格魅力，在无形之中就等于建立了自己的竞争优势，这就叫"人格魅力资本"。在西点的人格教育中，很重要的一点就是培养学员正直的个性。

宁可艰难地维护正确的事，也绝不轻易包庇错误。不管怎样，必须言出必行。一旦你告诉某人自己要做什么事，就应该履行自己的承诺。一旦成功地做到了这一点，你已经在比赛中遥遥领先了。

研究表明，绝大多成功人士都有自己独特的人格魅力。而平凡的人之所以平凡，就恰恰是因为没有认识到这一点。他们恰恰忽略了那些高尚情操的巨大力量，当他们把目光盯在财富、地位、学识上时，根本没有意识到，前者往往比金钱等东西更重要。

比如，个人所具备的宽宏、大气、修养等都可以看作是在社会丛林中生存立足的资本。这些隐性资本是用来创造显性财富的基础，也是左右人脉、职位等要素的决定性力量。一个拥有魅力人格的人，在无形中就建立了自己的竞争优势，给很多人以深刻的印象，与他人建立合作的可能性也就大大增加了。

一个成功者不但本身具有超乎一般的意志，并且能将自己的意志力像电流一样传导给追随者，使整个团队具有同样坚强的意志力。人格形象就是通过精神和内在性质的修养和陶冶而获得的一种无形人格力量与感召力。人格形象是人的内在精神和特质的展示与感知，没有高尚的人格就不会产生良好的人格形象。

人格是气质、性格、能力的总和。健全的人格表现为勤奋、乐观、自信、诚实、善良、勇敢、坚毅、正直、适应能力强、人际交往能力强、能很好地控制情绪等等。青少年不但要学好文化知识，更要注意在人格上修炼自己。让别人认同你这个人，无论与熟人打交道，还是跟陌生人建立关系，都会水到渠成。

不断地奏响生命的凯歌

生命是湍急的泉水。溪流的流向不是平坦的，也不是笔直的，但它的流淌是欢快的、不受任何影响，流得叮当作响直至淌向它要去的地方。人的生命要活的有意义，就应像泉水，不故步自封，不惧任何险阻，高唱行动的凯歌永远向前。

——尼采

尼采在《查拉图斯特拉如是说》中把生命比喻成泉水，它不断地涌动、不断地流淌，欢快地流向溪流，奔向远方。人的生命真的很像泉水，一个有作为的生命不断地工作、不断地奉献、不断地奏响自己生命的凯歌。生命是一个具有活力气息的肌体。一个人活着，需要不断吸进氧气，呼出二氧化碳，进行吐故纳新；还要吃喝，吸收足够的营养，维持生命，同时排除体内的废料，是谓新陈代谢。

代谢分为合成代谢和分解代谢。把从生存环境中摄取到的营养转化为自身的一部分，称为合成代谢，这是同化过程。把自身的物质氧化分解成水、二氧化碳等简单物质，从而释放出能量来维持生理活动，称为分解代谢，这是异化过程。人的生命就是这样一个不断弃旧更新的过程。

如果一个人不能维持正常的代谢过程，那么一个生命的运动过程就会失调。如果长期失调，或失调严重，生命就会受到威胁，假如不能够及时、有效地进行调解，生命也会受到危害，甚至走向死亡。一个人要想永葆生命的活力，常新不衰，就要像欢乐的泉水那样，不断出新，不断驱除自身陈旧的东西。

尼采用泉水来形容生命的活力。可以想象，清澈的泉水潺潺流淌，沿溪逝去，新的泉水又从泉眼内涓涓涌出，奏出欢快的乐章，如此川流不息，四时常新，充满动感和活力。人生要奏出华美的乐章，思想、观念就要随着科学的进步、时代的潮流不断更新，才能保持思想的活力，才能有充沛的朝气。

在新的历史形势下，改革已深化到了让人目不暇接的程度，如果我们抱着旧观念不放，就难以理解新事物，跟不上新形势，就焕发不了时代气息，人生就会因僵化而没有活力。

应该说，影响我们时代气息的新观念是从20世纪初开始的，它如狂飙、如惊雷，对旧思想、旧道德展开了一场大扫荡，人们的思想得以大解放，科学和民主的思想从此在世界上生衍不息。

如今的世界正在发生着巨变，新知识新事物层出不穷。如果还是抱残守缺，不思进取，守着老皇历度日，就会让自己变成一具行尸走肉。

也有人总是故步自封，盲目自满。他们不屑于学习，不读书不看报，不求观念的更新。他们把自己看作一个天生的行行都能的全才，百分之百的完人。其实，这种人几乎都是最无知的浅薄之徒。"一瓶子不满，半瓶子晃荡"，说的就是这种人。对此，尼采提醒人们抛弃自身行将死灭的东西，增进新的生命活力。要摒弃奴性道德，以及由此而产生的麻木、自满、腐败和颓废等等病害。他形象地说："让一切陈旧的东西破灭，还有许多房屋有待建设。"

如何做到不断抛弃自身行将死灭的东西呢？这里倒用得着曾子的"吾日三省吾身"这句格言，加强自我修养。要善于解剖自己，要勇于否定自己，要用尼采所倡导的狮子的勇猛战斗精神来净化自己。不要怕羞，不要怕疼，不要忍让，不要退缩。经过这种自我斗争，必定可以挣脱思想锁链，达到自我提高的目的。

学会坚守正直的原则

对自己坚信的原则与主张，应该无所顾忌地用语言和行动明确地表达出来，要将自己的信条、意向或意志不加掩饰地向大家讲清楚。而那些猥琐、懦弱、逢迎、只知效仿他人、态度暧昧把握不住自己的人是做不到这一点的。我们必须与他们有所区别。

——尼采

尼采是一个很坚守原则的人，他所认定的事就绝不更改，也不会半途改变立场。尼采在《知识和逻辑的起源》中说："似乎人们不希望与真理生活在一起，我们的肌体组织就是为了与真理形成对立而设置的。"他的这番话是针对当时对自古以来的东西过于维护,以旧的道德来打压新思维、新事物的现象而说的,他以此来体现自己的原则。

诚实、正直和仁慈,这些品质并不会攸关性命,但它却是一个有着高尚品格的人所坚守的原则。具有这种品质的人,一旦和坚定的目标融为一体,他们就可以做出一番不平凡的事业。

正直是一种传统美德,也许有人认为它早已过时了,但这种传统美德之所以能流传至今,正是因为时间已经证明,它确实具有强大的生命力。正直与廉洁相通,正直的美名与矢志不渝地坚持真理、忠实于信仰是紧密相连的,它是你建立生活大厦的坚实基础。

正直就是无论你在任何时候、任何情况下,和什么人在一起,都忠实于自己、言行一致、坚守自己的信仰及价值观。如果你不正直,最终可能会失去一切。因为,不正直会让别人不相信你,不愿和你一起共事和交流。如果有太多的人不愿意和你共事,你的事业只怕难逃失败的结局。

马丁·路德金被判死刑时对着他的敌人说:"去做任何违背良知的事,既谈不上安全稳妥,也谈不上谨慎明智。我坚持自己的立场,上帝会帮助我,我不能做其他的选择。"

第二次世界大战期间,有一支美军小部队被敌人包围了,突围时一位美国陆军上校和他的吉普车司机拐错了弯,迎面遇上了德军的一个武装小分队。两个人跳出车外,都隐藏起来。司机躲在路边的灌木丛里，而上校则藏在路下的水沟中。德国人发现了司机并向他的方向开火，上校本来没有被发现，然而，他却不想让他的部下遭遇不测，于是他主动跳出来用一把手枪对付敌人的机关枪，最终为掩护部下而牺牲，司机也被捕入狱。后来，司机对人们讲述了这个故事。

这位上校为什么要这样做呢？因为他的责任心要强于他对自己安全的关心，尽管没有任何人勉强他。

这一点难做到吗？的确很难。这就是为什么真正正直的人是难能可贵的、是值得钦佩的，但是从根本上说，正直所具有的无与伦比的价值，是值得人们为此而努力的。请想一想正直会带来什么样的利益吧！

正直使人具备了冒险的勇气和力量，正直者欢迎生活的挑战，绝不会苟且偷生，畏缩不前。一个正直的人是有把握并能相信自己的——因为他没有理由不信任自己。

正直经常表现为坚持不懈、一心一意地追求自己的目标，拒绝放弃自己努力的坚韧不拔的精神。

美国第16任总统林肯在参加参议院竞选活动时，在某次演讲前夕遭到朋友的劝阻，朋友警告他不要发表那份可能会让他落选的演讲，但是林肯答道："如果命里注定我会因为这次演讲而落选的话，那么就让我伴随着真理落选吧！"他是坦然的。他确实落选了，但是两年之后，他就当选为美国的总统。

怎样才能做一个正直的人呢？这很难找到一个现成的答案。我们生活中的那些好人、伟人、受大家尊重的人，都是很好的学习表率。当你真正在寻求正直并且开始发现它的时候，它本身所具有的力量就会令你折服，使你一往无前。最终，你会明白，几乎任何一件有价值的事，都包含有它自身的不容违背的正直的内涵。

一个正直的人不会心口不一，说一套做一套，他们不会违背自己的原则。正是由于没有内心的矛盾，才给了一个人额外的精力和清晰的头脑，使他必然地获得成功。正直还会给一个人带来许多好处：友谊、信任、钦佩和尊重。人类之所以充满希望，其原因之一就在于人们似乎对正直具有一种近乎本能的识别能力——而且不可抗拒地被它所吸引。

身心健康是最大的资本

健健康康的身体，离不开干干净净的灵魂。

——尼采

在尼采看来，人的灵魂的健康是第一位的。人们常说"活得漂亮才能赢得漂亮"。的确，一切成就、一切财富都始于健康的身心；健全的心灵和健康的身体，是成功的基本保证。一个人的心理要是不健康，他就难以正确估价自己，难以对社会作出恰当的反应，难以正确地处理人际关系。这些人的行为往往会超越社会的伦理道德规范，作出违反法律或扰乱他人的行为。一个人要是没有一个健康的心理，他迟早要为此买单。

也许你听说过美国上世纪30年代的一个双枪大盗，他的名字叫葛洛里。从外表来看，葛洛里文静瘦弱，而且烟酒不沾，全然不像人们想象中的凶神恶煞。但是，就是这样一个人，却被纽约市警察局局长墨诺尼称为"纽约有史以来最凶恶、顽劣的一名人犯"，因为"任何一点芝麻绿豆小事都可能引起他的残酷杀机"。

1932年5月7日，葛洛里在纽约街头上演了一场怵目惊心、冷血残忍的枪击事件，当场打死两人，打伤二十余人，逃窜了数周后，葛洛里才终于落入法网。

葛洛里落网后，写了封血迹斑斑的自白书，上面竟然写着："我心虽疲惫，却始终仁慈善良，从未蓄意伤害过任何人。"警方对他的这番"表白"感到十分震惊，依法判处他死刑。就在他被送上电椅行刑的一刹那，他说的依然是："这太不公平了！我杀人完全是出于自卫啊！是那人太坏了！"

葛洛里从来不与别人交往沟通，爱生气，嫉妒心特别强，当自己不如别人的时候就抱怨世界不公平，最终走上以极端的手段解自己心中不平的道路。

后来，犯罪心理学家分析了葛洛里的犯罪动机，发现引发葛洛里杀人的本质原因是其心理上的缺陷。心理学家从不同的角度来论证葛洛里是一个性格自卑、内向、孤僻、以自我为中心的人。因为葛洛里有人格障碍，属于分裂型和攻击型，前者使他对人冷漠、语言怪异可笑，后者则使他脾气暴躁、具有攻击性。尼采在《人性的，太任性的》中说道："我们一定要检查自己是不是有这样的心理，并及时清除这些不良心理，不让畸形的心理毁了我们的躯体。"的确，身心不完善的人其实是内心软弱的人，这种人往往害怕别人知道做事不利的根源在于自己本身，害怕面对事情，害怕面对问题，于是他会告诉别人不是自己没努力，而是别人不够好。然而事情却不因这些而改变，这一切只改变了你和日后的生活，使你背负着疤痕活下去。

一个拥有健康心态的人，无论遇到怎样的挑战，他都不会输。

在一次海难中，有甲乙两个人被冲到了一座荒岛上。当人们发现他们的时候，乙已经死了。

有人问活着的甲："你为什么能活着回来呢？是你的身体优势让你活下来的吗？"

于是，甲向人们讲述了他们被海浪冲到荒岛之后的遭遇。

荒岛上长满了野果。甲满怀信心对乙说："太好了，我们至少不会饿着肚子来等待救援了。"于是开心地品尝着野果。可乙却满脸忧虑,他对鲜美的野果没有任何食欲,而是悲观地说:"冬天就要到了,没有野果了,我们迟早会被饿死的。"

很快,荒岛上野果越来越少了,乙绝望极了,开始给家人写遗言。而甲搭了一个小茅屋准备过冬,并开始储存食物。

每天,他们都希望经过的船只能看见并搭救他们,可是一天天过去了,很少有船只经过,即使有一两艘货船从远方驶过,但无论他们怎么呼喊,就是没有人发现他们。

一天,当他们寻找食物回来时,发现刚建好的小茅屋起火了,所有的食物都付诸一炬。刹那间,乙的精神彻底崩溃了,他一下子昏厥过去,再也没有醒过来。

甲也显得很沮丧,但他相信,救援的船只可能在看到这浓烟滚滚后,会来救他。

第二天早上,轮船的声音唤醒了甲,这艘船是来营救他的。

"你们一定是看到了浓烟才知道我们被困在这儿了吧?"他问营救者。

"是的,我们看到了浓浓的烟,便一刻不停地往这边赶来了。"营救者们回答。

果然,那场几乎让他绝望的大火救了他。

就这样,返航的救援船多了两个人:一个是活人,一个是尸首。

甲有着阳光的心态，所以，他能活着回去。很多时候，人生的境遇是和身心有着很大关系的。一个人要是没有一个健康的心理，哪怕是具有了一定的机遇，他也会白白浪费掉，甚至会让自己变得更糟糕。

有一个人幸运地遇见了上帝，上帝对他说：我可以满足你任何一个愿望，但同时，你的邻居得到的会是你的双倍。这个人高兴不已。但是，这个人有很强的嫉妒心，他想到：如果我得到一群牛羊我邻居就会得到两群牛羊了；如果我要一箱金子，那邻居就会得到两箱金子了；更要命的就是如果我要一个美女，那么邻居就会得到两个绝色美女……他想来想去，不知道提出什么要求才好，感到自己怎么做都不合适，因为邻居都会比他得到得多。他实在不甘心让邻居比他更占便宜，最后他一狠心："上帝呀，你砍去我一条腿吧，这样，我才会安心。"

一个人失去了一条腿真的会安心吗？我看未必——心残加上身残，他会因为嫉妒那些身体健全的人而多了一份灾难。这个人本来有更好的选择，可是因为嫉妒，让他失去了可以获得的东西。所以说，优势可以是一种能力，也可以是一种心态。哪怕你现在什么都没有，但只要有健康的身心，你就拥有了一个人最大的资本。

Part7
尼采谈做事
——让行为为你发声

劳动可以创造一切，行动可以让你的梦想成为现实。"理想的巨人，行动的矮子"这是许多现代人常犯的毛病，现代人崇拜偶像、名人、大腕，他们可以将大量的精力和心思放在对偶像们的鼓噪和热议中，就是不愿意为自己的理想付出一点点努力，他们的幻想多于行动，所以，他们的失落多于快乐。要正确采取行动才是永恒的正道。

人生不在能知乃在能行

没有智慧的知识是没有用处的，但拥有知识和智慧而没有行动，也同样没有用处。

——尼采

在尼采看来，人大都很懒，很多人知道任何东西只有使用才能更好地起作用，过多的准备将成为无限期延缓行动的一个借口。的确，当下的世界缺少实干家，而从来不缺少空想家。那些爱空想的人，总是有满腹经纶，他们是思想的巨人，却是行动的矮子。这样的人，只会使我们的世界越来越混乱，而不会创造任何价值。

几年前，有个很有才气的教授想写一本传记，他专门研究了几十年前一个让人议论纷纷的人物轶事。这个选题既有趣又少见，真的很吸引人。这位教授知道的很多，他的文笔又很生动，这个计划注定会替他赢得很大的成就、名誉与财富。一年过后有人无意中提到那本书是不是快要大功告成了，谁知道，老天爷，他根本就没有写！他犹豫了一会儿，好像在考虑该怎么解释才好，最后他说太忙了，还有许多重要的任务要完成，因此就没有时间写了。

生活中，有很多人与这位教授十分相似，他们有很好的想法与规划，有十分美好的理想与愿望，可是没有用实际行动来实现它。即使是再美好、再有价值的东西，也是胎死腹中，令人惋惜。

踏实肯干的人总是早早行动。如果你想成就一番伟业，在确立你远大的目标之后，就要静下心来，认认真真、脚踏实地地做你该做的事情。在通往成功的路上，你不要梦想一步登天，如果基础不扎实，那么，你的奋斗目标则无异于空中楼阁。真正聪明的人，就是一步一个脚印地走，用自己的行动构筑成功的基石。

有的人也知道为目标去行动，可是怀有"等""靠"的心理，有拖拉的习惯，总是不着急、不着慌，优哉游哉，今天完不成，还有明天、后天。其实这种做法，只能把工作越堆越多，导致明天的任务也完不成，久而久之，整个计划都会泡汤。

当你下决心做事时，一定要立即行动，上天不会因为你美好的想象而送你一张馅饼。

数年前的一个春天的晚上，成功学大师克里曼·斯通访问了墨西哥城的弗兰克和克劳迪娅夫妇。

克劳迪娅谈道："我盼望我们在加丁区(加丁区是墨西哥城最

令人向往的地方)能够有一所房子。"

斯通问："你们为什么还没有呢？"

弗兰克哭了，答道："我们没有这笔钱。"

斯通说："如果你知道你想要什么，穷有什么关系呢？"

弗兰克没有回答。

斯通又提出一个问题："顺便说一下，你是否读过一本激励人的励志书，例如《思考致富》、《积极思考的力量》、《你的潜能》、《信心的魔力》等？"

他们回答："没有。"

于是，斯通就告诉他们一些成功人士的经历：这些人知道自己想要什么，读了一些励志书，听从书中的意见，然后付诸行动。迈出第一步后，他们继续坚持努力，最终获得了他们所追求的东西。

斯通还告诉弗兰克夫妇几年前他自己的经历：用1500美元的分期付款，购买了一所价值120万美元的新房子以及如何按期付清了房款。最后斯通送给了他们一本他所推荐的书。

弗兰克和克劳迪娅下定了决心。

当年的12月，当斯通正在家中休息时，接到了克劳迪娅打来的电话。她说："我们刚从墨西哥城来到美国，弗兰克和我所要做的第一件事就是感谢你。"

斯通感到诧异："为什么要感谢我？"

"我们感谢你,因为我们在加丁区买了一所新房子。"

几天后,在请斯通吃饭时,克劳迪娅解释说:"在一个星期六的傍晚,弗兰克和我正在家里休息,有几位从美国来的朋友打电话来,要我们用汽车把他们送到加丁区去。恰好那个时候我们都相当疲乏了。弗兰克正准备拒绝时,书上的一句话闪现于他心中:'迈出第一步。'于是我们决定用汽车送他们到那里。当我们用汽车送他们通过这人造的天堂时,我们看见了自己梦寐以求的房子——甚至还有我们所渴望的游泳池。我们买了它。"

弗兰克说:"你可能很想知道:虽然这个房产的价值超过50万比索,而我们的存款只有5000比索,但我们住在加丁区新居的费用比住在旧居的费用还要少些。"

"这是为什么呢?"

"因为我们买了两套房间,它们在财产上相当于一所房子。我们将其中的一套租了出去,那套房间的租金足以偿付整个房产的分期付款。"

这个故事并不十分惊人,一个家庭买了两套房间,自住另一套房间,这是很普通的事情。使人感到吃惊的是:一个没有经验、没有背景,甚至没有资金当本钱的,只要听从大师的一些建议,然后付诸行动名酒能轻易得到他所想要的东西。

"纸上谈兵"的人表面看起来夸夸其谈,其实最终只能落个笑柄。我们要牢记尼采的名言:"没有智慧的知识是没有用的,而没有行动的智慧也是毫无价值的。"活着,不仅是要思考,更多的是要行动。

好的言行习惯是成功的钥匙

  好的习惯,是开启伟大人生的钥匙。

——尼采

  尼采说:"良好的习惯乃是人在神经系统中存放的道德资本,这个资本不断地增值,而人在一生中就享受着它的利息。"还有一位哲人这样说过:"播种行为,收获习惯;播种习惯,收获性格;播种性格,收获命运。"习惯是一个人独立于社会的基础,又在很大程度上决定着人的工作效率和生活质量,并进而影响着他一生的成功。

  有一次,十几位诺贝尔奖得主聚在了一起,记者问其中一位获得诺贝尔奖的科学家:"请问,你认为最重要的东西是从哪里学到的?"

  这位科学家说:"在幼儿园。"

  "在幼儿园,你学到了什么最重要的东西。"

  "学到了习惯,习惯不拿不是自己的东西,习惯放整齐东西，习惯知错就改，习惯观察要细心……"科学家回答。

说白了，这位科学家的意思就是说：一个人的成功，与从小养成的良好习惯密不可分，这是一个人成功的基石。

出生在一个小商家庭里的富兰克林，有十几个兄弟姐妹。由于家里孩子多，家境条件也不好，富兰克林只读了两年书，就停止了学业。然后，他到哥哥的印刷所里打工。但是富兰克林酷爱读书，于是利用印刷所的便利条件，经常废寝忘食地刻苦读书。

在他20岁的时候，他为自己制定了自制、慎言、秩序、坚定、节俭、勤勉、诚实、公正、宽容、平静、整洁、忠贞等13项做人的原则，并把这些原则养成了自己的习惯。

他始终不渝地坚持着这些好习惯，最后，富兰克林成功了。

尼采说过："好的习惯，是开启伟大人生的钥匙。"习惯可以养成一个人的性格，而性格可以决定一个人的人生。学习中的好习惯使我们学业进步，生活中的好习惯则使我们的生活井然有序，并获得不可多得的成功机遇。

世界闻名的美国福特公司，不但帮助美国的汽车产业笑傲世界，还在很大程度上改变了美国的国民经济，但是谁能知道这位伟大的福特，最初被公司录取的契机竟然是"捡废纸"呢？

福特刚毕业时，去一家汽车制造公司应聘，可是一起应聘的人都比他学历高，他当时就觉得没什么希望了。但在他将要进董事长办公室的时候，看到门口有张废纸，非常的碍眼，于是顺手扔到垃圾箱里了。董事长把这些都看在眼里。福特进去刚说了一句："我是福特，是来应聘的。"董事长就说："很好，你已经被录用了，福特先生。"这让福特非常惊讶，实际上是他不经意的举动成就了他的人生。

尼采说："每天重复的小习惯，会成为慢性病的源头。内心的小习惯，也同样会带来灵魂的健康与疾病。"一个人一旦养成一种良好的习惯，它就会变成一个人的财富，将伴随他生命中的每一天。在很多优秀人物的品质里，他们成功的保证，往往都是因为有一个好的习惯。所以，千万不要忽视好习惯的作用，它不仅会成为我们事业成功的基石，还会成为人生旅途上打开机遇之门的一把钥匙！

人的一生，让责任心来成就

勇于负责的人，面对困难不会退缩，只会勇挑重担、全力以赴，用作为证明自己的价值，用作为为自己赢得荣誉和地位。

——尼采

我们仔细观察那些成功人士会发现，这些出类拔萃的人都是具有责任心的人，所以他们才显得不平凡。尼采说："超强的责任心会让你脱颖而出，所以任何时候都不要逃避，你的责任心的大小体现你的成功力的大小。"其实，一个人能不能用心去做一件事，很大程度反应在他的责任心上。试想，一个人要是没有责任心，还会用认真的态度去做事吗？如果不能认真做事，那他最终也只能品尝到失败的苦果。

杰克逊·李是某公司的部门负责人，一次，杰克逊·李得到一个小道消息：公司决定安排他到外地去处理一项业务。杰克逊·李早就听说这项业务非常棘手，很多人避之唯恐不及，于是，他当机立断提前一天告假，让助手顶替自己去处理这项事务。杰克逊·李的想法是：难办的事，就让助手顶着，办不好，也不用自己担责任。

半个月后，事情果然没有办好，公司高层追究责任，杰克逊·李便以自己告假为由，言称自己不知道这件事情的具体情况，一切都是助手自作主张，私自去处理的。

可高层进行一番深入调查，又听取了杰克逊·李助手的说明，对杰克逊·李的责任心产生了怀疑，害怕他以后再做出类似的事情，影响团队的团结和工作效率，因此不久后就降了杰克逊·李的职。

微软的一名高级主管这样说过:"同事和上司们推选我来做质保部主管,是因为我会随时随地把我听到的、看到的关于微软的意见记下来,无论是我在朋友的聚会中,还是在街上听到的陌生人的话。因为作为一名员工,我有责任让我们的产品变得更好,正是我把公司的事当成自己的事,才赢得了公司上下对我的信任。"

每个人都希望在属于自己的圈子里取得一定的成绩,拥有一定的地位,最好能成为核心人物,可是,有很多刚刚踏上工作岗位的人只知道追求地位,而不注意承担责任,这样的人是不可能成为核心人物的。相反,即使已是核心人物,要是缺乏责任心,也一定会丧失在圈子里的核心地位。但遗憾的是,有许多人本来具有出色的能力,却因为责任心不强,在公司得过且过,所以业绩平平,甚至还经常出现纰漏。相反,另外有一些人,他们勇挑重担,全身心地、尽职尽责地投入到工作之中,个人地位也不断得到提升,最后成为圈里的核心。

韦伯被一家公司聘做仓库保管员,工作非常简单,无非就是按时关灯,关好门窗,注意防火防盗,等等,但韦伯却做得超乎常人的认真。一年下来,仓库在他的看护下,没有发生一起失盗案件。

一天,突然而来的强对流天气使得狂风骤起,乒乓球大的冰雹从天而降,砸坏了许多窗户的玻璃,冰雹过后,又下起了倾盆大雨。这时，在家里休假的经理感到十分不安，因为在仓库里还堆放着刚买来的生产原料，如果仓库的窗玻璃被冰雹打坏，原料就会被雨湿透，这会给公司造成不小的损失。于是，经理马上通知安全科长，要他带几个人和自己一起赶到厂里抢险。

可当他们赶到仓库的时候，看见仓库窗户的玻璃虽然已经被冰雹砸碎，雨水随风从窗户飘进来，可原料已经被帆布盖好。更让他感到诧异的是，浑身湿透的韦伯正迎着随风而进的大雨逐个修补着仓库的窗户——经理高悬在半空的心一下子放了下来。他和安全科长带来的人一起投入到了韦伯的战斗中。

事后，经理握着韦伯的手说着感谢的话，而韦伯却淡淡地说："这是我的工作。"

鉴于韦伯的这种认真负责的精神，不久，经理破例提拔他做仓库主管。好多老员工不理解，韦伯来工厂时间不长，贡献也不大，凭什么给他升职？经理看出了大家的心思，说："韦伯虽然只是一名新来的仓库保管员，但是他忠于职守。上次下大雨，你们有谁来仓库看过一下呢？可能你们觉得，照看仓库不是你们的责任，可韦伯不仅完成了分内工作，还超额完成了自己责任范围外的工作，他是最称职的仓库主管！"

责任决定作为，作为决定地位。有多高的地位，就必须承担多大的责任。不负责任的人，很难成为团队的核心；不负责任的管理者，会丧失既得地位。

如果你犯了错，请承担

> 要破坏一件事，最刁钻的办法是：故意用歪理为这事辩护。
>
> ——尼采

在现实中，很少有人遵循这条成功的定律，有一些人犯了错误后，害怕受到责备，因此想尽办法掩饰过失、推卸责任，不愿意承认自己的过错。殊不知，这种行为正是成功的大忌。要知道如果你犯的错误比较严重，那知道的人一定不会少，你的狡辩只会让人对你心生嫌恶；而如果你犯的错误不太要紧，你仍然企图狡辩，那就更不划算了。

吉姆和琼斯同时应聘于一家公司，两人都以优秀的成绩通过了考核，但职位只有一个，于是，公司决定让他们俩同时做一件事，以便从中选出一个最优秀的人聘任为正式员工。

主管吩咐他们一起把一件古瓷送到码头，并反复叮嘱他们路上要小心。没想到送货车开到半路却坏了。吉姆看到这种情况，赶紧下车抱起古瓷，一路小跑赶往码头，琼斯跟在后面。跑着跑着，迎面来的一个人一下子和吉姆撞了个满怀，"哗啦"一声,古瓷掉到地上,顿时全碎了,撞吉姆的人却在两人发愣之际溜走了。

琼斯和吉姆都知道古瓷打碎意味着什么。回到公司后,琼斯走进主管的办公室,把事情的原委告诉了主管,并对主管说:"主管,不是我的错,是吉姆不小心摔碎的。"主管平静地说:"谢谢你,我知道了。"

吉姆也到了主管的办公室,把事情的原委也告诉了主管,最后说:"这件事是我的失职,我愿意承担责任。"

第二天,主管把他们叫到了办公室,对他们说:"你们俩都很优秀,但是这次我们只能从你们俩中选一个人,经过认真考虑,我们决定聘任吉姆。"

"这是为什么?"琼斯问。

"一个能勇于承担责任的人是值得信任的。其实,吉姆能主动抱起古瓷,就说明他敢于承担责任,因为谁都不想古董在自己的手上被打碎。还有,我看见问题出现后你们两个人的反应是不同的。"主管说,"不过,选择吉姆也不是我的决定,是公司总裁的意思。"主管的话音刚落,一个人从主管办公室的里间走了出来,琼斯和吉姆定眼一看,没想到这个人竟然是把他们古董撞碎的那个人,他走到吉姆身边,伸出手说:"欢迎你加入我们的团队,小伙子。"

在通往成功的路上,谁都难免要犯错,但犯错误后,要敢于担当，勇于认错。这样的人才会受欢迎。因为主动认错能让同事或上司看到你不推卸责任、勇于负责的品质。

哈维达里是一家商场新招聘的笔记本电脑销售员。尽管哈维达里业务还不是很熟练，但他认真热情的工作态度，受到了经理和周围同事的好评。

一天，哈维达里在销售笔记本电脑时，一时大意，把一台价值10000元的笔记本电脑，以5000元的价格卖给了一位顾客。对犯了这样错误的员工，上司是不能容忍的，一定会被辞退。

有同事告诉他，他完全可以向那位顾客追回5000元。如果不希望因为追款引起太多的麻烦，他还可以自己筹齐5000元悄悄地入账，这样，就可以神不知鬼不觉地了结这件事。但哈维达里在思考一番之后，决定主动向商场经理承认自己的失误。那位好心的同事听后大吃一惊，说："你疯了！那样你肯定会被辞退的！"但哈维达里仍然坚持自己的决定。

下班之前，哈维达里手拿一个信封来到经理的办公室，对经理说："对不起，经理，今天我犯了一个很严重的错误，让公司遭受5000元的损失。我为我的错误感到羞耻。这5000元请你收下，希望能弥补一下公司的损失。如果你要因此开除我，我不会有任何怨言的。"

经理听后，注视了他片刻，问："你真的打算用自己的钱填补那5000元的亏空？"

"是的，经理，"哈维达里诚恳地说，"虽然我可以按照顾客留下的联系方式，找到顾客让他付这笔钱。但为什么要去找他呢？是我把两种笔记本价格弄错了，这完全是我的错，我对这个失误负有全部的责任，而且，这样做还会影响商场的声誉！"

哈维达里主动认错，并承担责任的举动深深打动了经理。经理没有像其他人所想的那样开除哈维达里，而是让他留在了商场。

几年之后，哈维达里成了商场的主管。

主动地承担自己的过错，与主动接受工作任务一样，表现出的是你的责任心。所以，千万不要惧怕伴随错误而来的负面影响，一味地隐藏错误或竭力为自己开脱，只会犯更大的错误。

尼采说过："将不如意的责任推卸给环境或对方的人，只是忘却了自己的责任，大错特错。"在尼采看来，诚实地承认错误要冒不被谅解的风险，但推卸责任却一定要承担被人轻视的后果。更重要的是，承认了错误你还有补过的机会，但敢做不敢当却会使你失去重新来过的机会。敢承担责任，才会受到人们的信赖和尊敬。

学会控制自己，及时叫停自己

没有一个人会无限度地包容你毫无理性的爆脾气，会理解你毫无节制地吵闹发火，会忍受你无比暴躁性格。如果你死不悔改的话，那么等待你的将是最糟糕的结局。

——尼采

尼采说："愤怒看起来是对别人撒气，但受害最大的却是自己。"和尼采一样，很多哲人都曾经告诫过人们，人生千万不要被愤怒左右，否则，那就是自讨苦吃。毕达哥拉斯说："愤怒以愚蠢开始，以后悔告终。"所以，我们要控制好自己的情绪，不要轻易愤怒。

在一片广袤无边的大沙漠之中，有一只骆驼在艰难地前行。因为正值中午，所以天上的太阳像火球一样炙烤着大地，骆驼又饿又渴、又热又累，很快情绪开始焦躁起来。

正当骆驼十分焦躁的时候，有一块儿瓷片把骆驼的脚掌硌了一下，这无疑是火上浇油，骆驼顿时火冒三丈，恶狠狠地踢了瓷片一下，可它的脚掌也因此被划开了一道又大又深的口子，顿时，鲜红的血流了出来，染红了它脚下的沙粒。

骆驼只能一瘸一拐地向前行走，而随着鲜血的流淌，骆驼力气也越来越小。血的腥味引来了沙漠的秃鹫，它们不断地在骆驼的头顶上盘旋着，只等着骆驼死后，能吃上一顿驼肉大餐。骆驼感到非常很恐惧，它不顾受伤的身体，勉强地一路向前狂奔。可是，就在它来到沙漠边缘的时候，因为失血过多再加上劳累疲惫，一下子倒在了地上。

死之前，骆驼感叹道："我为什么跟一块小小的瓷片过不去呢？"

骆驼的死不是因为瓷片烙了脚掌，真正的凶手是骆驼自己，是它没有控制好自己愤怒的情绪。这只是一则寓言，但在我们的生活中这样的事情却比比皆是。不是有人因一个小误会与朋友绝交，就是有人因别人的一句无心的口头禅而大打出手……

有一个男孩脾气很坏，于是他的父亲就给了他一袋钉子，并且告诉他，每当他发脾气的时候就钉一根钉子在后院的围篱上。

第一天，这个男孩钉下了37根钉子。慢慢地他每天钉下的数量减少了。

他发现控制自己的脾气要比钉下那些钉子来得容易些。

终于有一天这个男孩再也不会失去耐性乱发脾气了，他把这件事告诉了父亲，父亲告诉他，现在开始每当他能控制自己的脾气的时候，就拔出一根钉子。

日子一天天过去，最后男孩告诉他的父亲，他终于把所有钉子都拔出来了。

父亲握着他的手来到后院，说："你做得很好，我的好孩子。但是看看那些围篱上的洞，这些围篱将永远不能回复成从前。你生气的时候说的话将像这些钉子一样留下疤痕。如果你拿刀子捅别人一刀，不管你说了多少次对不起，那个伤口将永远存在。话语的伤痛就像真实的伤痛一样令人无法承受。"

人在愤怒时，常常会因看不清事情的实质而行为过激，就会造成一生无法弥补的遗憾！不过尼采认为，愤怒是可以控制的，他说："愤怒只是一时冲动，可以自由控制。将怒气表达出来，便会给人以急躁的印象。但你也可以将愤怒以其他形式表达，还可以压制怒火，等候它慢慢消退。除了愤怒这样的冲动，其他在心中涌动的感情或心情也是如此。我们能够自由处理、控制它们，就好像修整庭院里的花草，收获树木的果实一样。"通俗地说，遇事要学会控制自己的情绪，让激动和愤怒降降温，先让我们的心静下来，直至怒火彻底消失。

发脾气，一些小情绪反反复复，这些负面的情绪阻碍了我们的发展，一个人要想获得成功，更应该控制好自己的情绪。人与人之间常常因为一些彼此无法释怀的坚持，而造成永远的伤害。如果我们都能从自己做起，宽容地看待他人，相信你一定能收到许多意想不到的结果。帮别人开启一扇窗，也就是让自己看到更完整的天空。

不要拖延，成功需要立即行动

> 优柔寡断会使人对一些事情失望，然后把惩罚强加在自己身上。
>
> ——尼采

成功与否，要看你"会不会"；会了，还要看你"做不做"；去做了，还要看你做得"快不快"。很多时候，成功就像争抢的百米比赛金牌，能不能快速起跑，是你能不能拿到这块金牌的关键。而在尼采的成功学中，他把这种获取金牌的能力叫做"立即行动"。

汤姆·霍普金斯平均每天能卖出一幢房子，这样的销售记录很长一段时间都无人打破。因此，很多人向他请教成功秘诀。

一次，有人问他："你获得了如此大的成功，能告诉我你的秘诀吗？"

"马上行动！"汤姆回答。

"请你告诉我，当你遇到困难时，你用什么方式去处理它呢？"

"马上行动！"汤姆笑着回答道。

"假如你的事业未来遭遇发展的瓶颈，你准备如何突破？"

"马上行动！"汤姆依然微笑着回答道。

……

"马上行动！""马上行动！"……

对于成功秘诀的请教，汤姆只有这四个字。

或许你和那个提问者一样，对汤姆这样的回答感到很失望，但是，这就是成功的秘诀呀，只不过你不懂得利用这个秘诀而已。

尼采说："人生往往就是一场速度战，时间是无比宝贵的，如果我们不能抢在别人的前面行动，别人就会把我们甩在后面。"

尼采哲学在当时曾经被当作一种"行动哲学"，一种声称要使个人的要求和欲望得到最大限度的发挥的哲学。他的哲学具有傲视一切，批判一切的气势。这正是他的哲学被后现代主义欣赏的重要原因。

后现代主义对传统哲学和现代哲学不是拒斥，就是消解，然而对尼采哲学却情有独钟。后现代主义者从尼采哲学中吸纳了他们所需要的一切，包括尼采哲学的基本思想观点,甚至尼采的哲学风格。尼采哲学中的消解倾向成为后现代主义的精神支柱,尼采绝没有想到,他成了后现代主义的理论先驱。

在诸多成功成功者眼里,"马上行动"是最有效的成功法则。我一直认为,行动和速度是成功的关键。成功者必须做到马上行动、绝不拖延。

1923年,艾尔弗·雷德·斯隆任通用汽车公司总裁。斯隆年纪不大,有一种敢闯敢拼的精神。斯隆高瞻远瞩,做事雷厉风行,为了能充分满足消费者,在他就任总裁后,就加快了新产品的开发。

当时与通用汽车公司同驻底特律的,还有美国最大的福特汽车公司,总裁埃兹尔是老福特的长子,他也以年轻企业家的敏感,嗅到了斯隆的更新意识。于是,他和技术人员重新设计了一种T型车。当埃兹尔喜滋滋地把这种新车拿给老福特看时,不料被固执的福特完全否定。

老款式的T型车,曾获得"廉价小汽车"的名声,广受美国民众的欢迎。对于老福特来说,T型车是他的神话,是他梦想得以实现的载体。在T型车里承载的是他的辉煌,他不许任何人向它挑战。

老福特愤怒地对儿子说:"T型车销售得很好,我不打算开发什么新车,拖一拖再说吧。"

但是福特可以愤怒地压制儿子，却无法阻止通用汽车公司的总裁斯隆。1925年，通用公司推出了崭新的雪佛兰。新车问世的当年，就逼得福特汽车的市场占有率从57%下降到45%，次年又滑落到40%以下。

总裁坎茨勒再也不能看着公司的销售业绩继续下滑，而如果要马上研制开发新型汽车，必须先征得福特公司的董事长老福特的首肯，于是坎茨勒语气委婉地写了一份备忘录，呈送老福特，再次探讨车型问题。尽管备忘录充满对老福特敬意的话语，但老福特也看出了奉承词句后的极度不满。于是，趁埃兹尔赴欧洲考察和度假之机，老福特撤掉坎茨勒的总裁职位，将他轰出了公司。

福特公司研制开发新车型的计划再次被搁置起来，一拖再拖。

老福特再固执，也不能无视T型车销量的猛烈下滑。没有办法，他只好采用削价的方式来刺激消费者。然而，消费者的口味变了，削价已失去了往日的效力，老福特的这一举措没有挽住T型车销量下滑的总趋势。

不能再拖了，老福特也不得不承认这一点，于是他又重新组织技术人员研制开发新款汽车。1927年10月，一辆新A型车，从福特的装配线上开下来，加入了汽车行业的新竞争。

可惜为时已晚！通用汽车公司凭借新款雪佛兰抢占了大部分本应属于福特公司的市场，通用汽车公司与福特公司打了一场漂亮的时间差。而这一次老福特拖拉不止的决策，是他辉煌一生中的一次严重失误，等于他自己拱手让出了得来不易的市场份额，亲自给通用汽车公司的崛起添砖加瓦。

在很多时候，我们已经具备了知识、技巧、能力、良好的态度与成功的方法，不能成功，很可能就是因为我们的行动速度不够快。很显然，拖延就意味着失去机会，只有立刻去做，才能将成功的机会牢牢地把握在自己的手里。不找任何借口、不找任何理由、绝不拖延的人才能得到成功女神的青睐。成功也要手快和腿快，马上行动，这样才能抓住机会，获得成功。

只有行动，才能走向成功

> 唯有一刻不停地行动，才能强大自己，才能无限地提高自己的能力。
>
> ——尼采

在一次给学生讲课的过程中，尼采向在座的同学问了这样一个问题："你们中间有多少人想成为真正的哲学家？"

在座的同学纷纷举手，表示自己志愿成为一名哲学家。

尼采向台下看了看，然后微笑着一边把讲义放进自己的口袋，一边说道："既然大家都想当哲学家，那么我只能给你们讲一句话了，那就是回家去思考吧！"说完，他就走出了教室。

事实上，不仅尼采这样讲，翻开一些讲授文学创作的书籍，我们也可以从中找到这样至关重要的一条：如果你想要成为哲学家，那么就马上开始思考。是啊，如果你想从事一件事情，却不投入行动，那么你永远都不可能完成这件事情。

对于想要从事的事情，人们总是犹豫不决，担心自己的能力无法胜任。这样的自卑情绪在很多人身上都会流露出来，但是当我们去做了之后，我们总会有这样的感觉，即发现事情并没有想象中那么艰难。

我想很多人都有过这样的体验。对于未来，我们总是心生恐惧。然而，如果你不去行动的话，你永远也无法发觉自己的潜力。美国心理学家威廉就认为：对于普通人来说，他们一生仅仅运用了自己10%的能力。其实，他们还有90%的潜力可以发掘。另一位美国学者则认为：人仅仅只开发了他们自身6%的能力。前苏联学者伊凡也认为人自身潜藏着巨大的潜力，他说："如果我们迫使头脑开足一半的马力，那么我们就可以毫不费力地学会40多种语言，把教科书从头到尾地背诵下来，并完成几十个大学的必修课程。"潜力总是要在行动之中不断挖掘的，如果我们仅仅停留在想象阶段，那么无论把自己想象得多么强大，也不过是纸上谈兵而已。然而，每个人都有惰性，这也正是每个人都喜欢在幻想中成功的一个重要原因。

惰性阻碍着人们的行动，使人们躺在滋生堕落的温床上，渐渐失去了发掘自身潜能的机会。如何战胜自己的惰性？或许只有行动这唯一的方法。当我们心中蹦出一个想法时，不要去考虑实现它有多么困难，只管去行动。因为只有跨出第一步，你才能切实地感受到实现这个灵感的困难程度究竟有多大；也只有跨出这第一步，我们才能促使自己积极地寻求解决困难的方法，促使自己不断地提高自身的能力。

是的，行动可以发掘我们的潜力，然而，行动的作用不限于此，行动还能培养人的自信，为我们创造反败为胜的转机。

14世纪时，蒙古皇帝莫卧儿在一次战役中大败。他独自躲在一个废弃的马房中，内心充满了对失败的恐惧。这时，他看到了一只蚂蚁嘴里咬着一粒比自己身体大出许多倍的玉米粒，艰难地在垂直的墙壁上爬行着。但是，玉米粒实在是太过沉重，这只蚂蚁不知从墙上摔落了多少次，但是，它一直坚持着向上爬。终于，蚂蚁咬着玉米粒爬到了自己在墙壁上的蚁窝里。看到这里，莫卧儿大叫一声跳了起来，蚂蚁尚能如此，我为何不能？莫卧儿又重整旗鼓，终于打败了自己的敌人。

无独有偶，在19世纪，一位英国的将军也因为受到相似经历的激励，取得了最终的胜利。这位将军在之前的战斗中屡战屡败。一天，他因为战败而躲到了一个农舍里。在这间农舍，他无意中发现了一只正在结网的蜘蛛。这只蜘蛛在风雨中拼命地织网，但是蛛丝被风雨一次次地打断。不过这只蜘蛛并没有气馁，最终结成了蛛网。这位将军深受鼓舞，最终取得了一场关键战役的胜利。这位将军就是威灵顿，就是那位在滑铁卢战役中击败拿破仑的威灵顿将军。

不论是蜘蛛，还是蚂蚁，它们的行为或许是出于本能，但它们带给人们的鼓舞却是实实在在的。面对一次次的失败，只有行动，我们才能创造出让自己反败为胜的机会，也只有行动，我们才能重新树立被失败击溃的信心。

行动，无疑是我们获取成功的根本保障。一切成功都不是海市蜃楼，它生长在我们的头脑之中，期盼着我们将其物化于外。尼采说："作为心中的蓝图，成功需要我们一笔一画、一砖一瓦地建造出来。"可见，唯有立刻行动，我们才给了自己一次成功的机会。在追求成功的道路上，行动使我们跨越千沟万壑，使我们发现一个全新的自己，使我们抛却了启程时的恐惧，开始享受一路上的无限风光。

患得患失只能竹篮打水一场空

> 患得患失是无可救药的，它就像一个想置你于死地的敌人，对你的美好人生构成了一种强大的威胁，它会把你对人生的真实想法，毁于它的包围之中。
>
> ——尼采

在尼采看来，世界上最可怜的人就是那些患得患失的人。行事优柔寡断的思维，使他们不敢决定任何一件事情，不敢承担应负的责任，因为在他们思维中有这样一种意识，他们不知道做出决定后事情的结果会如何，是好是坏，所以犹豫不决。还有的人常常对自己的决定产生怀疑，害怕对自己做出的决定承担责任，更不敢相信他们的决定能起很大的作用。对此，尼采说："因为患得患失的习惯，常常使他们设计的美好人生成为泡影。"

1882年4月，在梅森葆夫人和另一位朋友雷埃的邀请下，尼采到罗马旅行。在那里，两位朋友把一个富有魅力、极其聪慧的俄国少女莎乐美介绍给他，做他的学生。尼采深深坠入情网，莎乐美也被尼采的独特个性所吸引。两人结伴到卢塞恩旅行。沿途，尼采向莎乐美娓娓叙述往事，回忆童年，讲授哲学。但是，羞怯的性格使尼采犹豫不决，更不敢向莎乐美吐露衷曲，于是他恳请雷埃替他求婚，殊不知雷埃自己也爱上了莎乐美。莎乐美对这两位追求者的求爱都没有允诺。最后，两人只能保持着友好的接触。然而尼采的妹妹伊丽莎白却对他们的友谊满怀妒恨，恶意散布流言，挑拨离间，使他们终于反目。仅仅5个月，尼采生涯中的这段幸福小插曲就终结了。

或许就是这次的犹豫最终让尼采独守一生。为了不步他的后尘，从现在开始，我们就要强迫自己培养遇事果断的能力。从出现问题开始，就果敢决策，不要犹豫不决而影响你的决定。在处理一些重大事情的时候，在决断之前可从各方面的条件加以考虑，用理智去化解疑问，从而做出最后的决定，可一旦决定它该怎样处理，就不要更改，也不要犹豫不决。不能让那不可救药的思维方式再干扰你已决定的事实，否则你仍将还是竹篮打水一场空。

安吉尔从小性格懦弱，根本没有主见，况且总是优柔寡断，患得患失，这使得同学们根本不能信赖他。有同学请他吃饭，他会想我去还是不去？去了怕同学会让他请客，不去又怕同学生气。就这么一件小事他总要想来想去，最后才告诉同学们："我不是不去，是因为还有事情要做。"同学请教他问题，他会想到底是告诉还是不告诉？如果告诉了又怕同学超过自己，不告诉同学又怕同学说他无能。同学问了半天，他也不说会或是不会。他就是这样一个人。

一次老师留了一篇文章，他写完了又改，改完了又写，总是认为不好，在临睡前，又拿出来看，改了两句才睡，早上起来还是觉得不行又拿出来修改，就是在交到老师手里之前又改了一次。等作文终于交给老师了，他回到座位上又觉得有些地方不好，于是跑到办公室告诉老师，他的作文还要改一下。

由于他这种犹豫不决的性格，使他很难得到同学们的信赖，所有与他相识的人，都为他的这一性格弱点感到可怜，而直到现在他仍然是一个碌碌无为的人。

患得患失、犹豫不决的人总会因为他们这个弱点而错失成功的机会，因此，要想获得成功，就要在患得患失这个敌人攻击你之前先解决它、消灭它，不要让它占据你的思想。你应该从此刻开始，培养果断行事思维，克服患得患失的负面情绪，让果断行事来成就你的明天。

一个聪明能干、办事果断的人，人们会对他充满信赖，愿意和他做朋友或者合作，相反则会使他很难得到别人的信赖，甚至引致别人的厌恶，不愿与他接近或者共事。因为总是犹豫不决、患得患失的人，和他一起共事会让人缺少安全感，你根本不知道朝令夕改的他什么时候又会改变主意。

一定要养成果断行事的习惯，一旦拿定了主意，就不要再改变，不要给自己再留后退的余地。这样既可以增强你的自信，也可以博得别人的信赖。

果断的最初阶段可能会使你做出错误的决策，但是，却可以提升自信力，这足以补偿你的错误决策所带来的损失。

一个人一旦养成了犹豫不决的思维习惯，就会导致他对生活中的事都不能果断地拿出主意来，因此他在事业上的失败也就在所难免了。下决定时举棋不定，关键在于他不相信自己的决定是否正确，所以他才要考虑来考虑去，不敢下决心，也害怕由于他的决定招致失败，可往往越是这样，就越抓不住能给你带来财富和幸福的机会。

找到通往理想的人生路

光有理想远远不够，必须先用自己的方法，找到通往理想之路，否则，你的行动将是漂浮不定的。

——尼采

很明显，尼采这句话是要告诉我们，只有理想还不够，还必须找到实现理想的正确之路，并付诸实践。的确，我们每个人的心中都可能有无数个梦想，梦想是点燃激情的火把，它能激发一个人的潜能，但如果你只是幻想而不付诸实践的话，那么，你只能在一片幻想的迷途中越陷越深。

在现实生活中，我们不难发现一个现象，很多成功人士并不是高学历者，那些高学历者也并不一定能成功，这是为什么呢？其实，这与他们对待梦想的态度和行为不无关系。低学历者更注重实践，为了目标，他们一步一个脚印，坚实地朝梦想迈进，而一些高学历者则太过注重理论知识，总幻想一步登天。这种现象在开放的社会已经较为普遍，我们并不是说这是一种必然，但从一个侧面可以看到，光想不做是不会有好结果的。

曾经有哲人说过，梦想指引我们飞升。我们都知道梦想的伟大力量，但把梦想变为现实只有一个方法，那就是行动。在哈佛的课堂上，教授曾经为学生讲过这样一个故事：

早川德次是日本著名的早川电机公司的董事长，这家公司因为生产著名的夏普电视机而闻名于世，而早川德次却是一个命运坎坷的人。还在小学二年级时，他的父亲就去世了，他不得不去一家首饰加工店当童工。

早川是个坚强的人，在他很小的时候，他就告诉自己："即使我没有疼爱我的长辈，但我一定要努力生活，做出一番成绩来。"

童工生活是辛苦的，他在首饰店每天的工作除了烧饭带孩子，就是干一些体力活。时间过得很快，一晃四年过去了，有一次，小早川终于鼓起勇气向老板提出："老板，请你教我一些做首饰的手工好吗？"

老板一听，生气地对他说："小孩子，你能干什么呢？你喜欢学的话，自己去学好了！"

早川一想，是啊，为什么要靠别人，自己去学吧。于是，从那以后，他开始留心店里的技术活，尤其是当老板找他帮忙时，他都尽量多看、多想，这样，他终于靠自己的努力学到了一些关于工作上的知识和技能。

功夫不负有心人，早川耳聪目明，又勤于学习，很快就初见成效。18岁他就发明了裤带用的金属夹子，22岁时发明了自动笔。这种自动笔很受大众喜爱，风行一时。他有了发明，老板便资助他开了一家小工厂。30岁时，在他赚到1000万日元以后，就把目标转向收音机生产，设立了平川电机公司。

早川德次为什么能够成功？因为他能够从零学起，能把梦想归于实践。也许现在的你也有很多梦想，你可能希望自己能成为一个著名企业家、一名人民教师、歌唱家等，但无论如何，你要知道，理想不同于妄想和幻想，目标要切实可行，行动要脚踏实地。这样，你离你的梦想就不远了。

同时，我们也需要明白，不管你的梦想多么高远，都要先从触手可及的小事做起。梦想是一个大目标，你需要做的是完成每天的小目标，这样，你朝大目标就进了一步，每进一步，你就会增加一份快乐、热忱与自信，你就会消除一份恐惧，你就会更踏实，就会从积极的思考进展成为积极的领悟，那么，就没有一件事情可以阻挡得了你。

在生活中，可能你也看过不少人一夜成名，但如果你能细究一下，你会发现，他们的成功绝不是偶然的。正如那歌中所唱的那样："没有人能随随便便成功。"他们为了实现梦想早已投入无数的心血，打好坚固的基础了。相反，也有一些人，他们雄心壮志、誓言要成就一番事业，但终其一生却碌碌无为、两手空空。差异产生的原因就在于行动。

从身边的小事开始做起，注重实践，就会出现意想不到的机遇。在生活中，你不妨这样勾勒自己的理想：我目前拥有什么，我从哪里做起才能让自己的生活发生一些正面的变化。任何一个梦想的实现，都需要你一步一个脚印地积累。因为进步是一点一滴不断地努力得来的。从现在起，树立最适合自己的、切合实际的梦想吧，只有这样，才能达到激发潜力、推动人生的目的。